L'ABC des trucs
de Madame Chasse-taches

ÉDITION AUGMENTÉE

De la même auteure

L'ABC des trucs de cuisine de Madame Chasse-taches, Les Éditions Publistar, 2006.

100 recettes Montignac pour protéger votre cœur, en collaboration, Les Éditions Publistar, 2002.

Recettes, trucs et astuces au fil des saisons, TVA publications, 2001.

Les P'tits Trucs de Louise, Les Éditions Trustar, 1997.

Dans la même collection

Rock Giguère, *L'ABC des trucs de jardinage de Rock Giguère,* Les Éditions Publistar, 2006.

Louise Robitaille, *L'ABC des trucs de cuisine de Madame Chasse-taches,* Les Éditions Publistar, 2006.

Didier Girol, *L'ABC des trucs du chef Didier, la pâtisserie et ses secrets,* Les Éditions Publistar, 2006.

Christian Fortin, Corinne De Vailly, *L'ABC des trucs de santé du Dr Fortin,* Les Éditions Publistar, 2006.

LOUISE ROBITAILLE

L'ABC des trucs de Madame Chasse-taches

ÉDITION AUGMENTÉE

Catalogage avant publication de Bibliothèque et Archives nationales du Québec et
Bibliothèque et Archives Canada

Robitaille, Louise, 1948-
L'abc des trucs de Madame chasse-taches
Éd. rev. et augm.
(L'ABC des trucs)
ISBN 978-2-89562-215-4

1. L'Économie domestique - Guides, manuels, etc. 2. Conseils pratiques, recettes, trucs, etc. I. Titre. II. Collection: ABC des trucs.

TX160.R615 2008   640'.41   C2008-940208-1

Direction littéraire : Julie Simard
Révision linguistique : Nicole Henri
Correction d'épreuves : Antoine Peuchmaurd
Couverture : Marike Paradis
Infographie et mise en pages : Marike Paradis
Photo de l'auteur : Robert Etcheverry

Remerciements
Les Éditions Publistar reconnaissent l'aide financière du gouvernement du Canada par l'entremise du Programme d'aide au développement de l'industrie de l'édition (PADIÉ) pour ses activités d'édition. Gouvernement du Québec – Programme de crédit d'impôt pour l'édition de livres – gestion SODEC.

Tous droits de traduction et d'adaptation réservés ; toute reproduction d'un extrait quelconque de ce livre par quelque procédé que ce soit, et notamment par photocopie ou microfilm, est strictement interdite sans l'autorisation écrite de l'éditeur.

© Les Éditions Publistar, 2008

Les Éditions Publistar
Groupe Librex inc.
Une compagnie de Quebecor Media
La Tourelle
1055, boul. René-Lévesque Est
Bureau 800
Montréal (Québec) H2L 4S5
Tél. : 514 849-5259
Téléc. : 514 849-1388

Dépôt légal – Bibliothèque et Archives nationales du Québec
et Bibliothèque et Archives Canada, 2008

ISBN : 978-2-89562-215-4

Distribution au Canada
Messageries ADP
2315, rue de la Province
Longueuil (Québec) J4G 1G4
Téléphone : 450 640-1234
Sans frais : 1 800 771-3022

Diffusion hors Canada
Interforum

SOMMAIRE

Introduction 9

Avertissement 11

1. L'ABC des trucs 13
2. Les taches les plus courantes 211
3. Pour s'y retrouver dans les différents produits ... 239

Annexe • Tableau des équivalences 249

Index 253

INTRODUCTION

Nos mères et nos grands-mères connaissaient une foule de trucs relevant du « gros bon sens » qui leur permettaient d'entretenir la maison et d'enlever les « fichues » taches sur les vêtements ou autres surfaces avec ce qu'elles avaient sous la main.

Le but ici n'est pas d'effectuer un retour à ces années consacrées à un travail domestique harassant. Mais pourquoi ne pas profiter de ces recettes et méthodes simples qui sont tout à fait à la mode puisqu'elles vous feront économiser temps et argent, sans abuser de tous les produits chimiques ?

Quand on me demande comment j'ai réussi à amasser tous ces trucs, je dois avouer que je suis une fouineuse, une curieuse née et souvent un peu incrédule. C'est un esprit de recherche développé dès l'enfance qui m'a conduite à trouver la solution à différents problèmes dans la maison. À travers ces recherches menées avec passion, il me fait plaisir aujourd'hui de partager ces trucs avec vous et de perpétuer cette forme de culture populaire souvent transmise de mères en filles ou entre amies.

Bonne lecture.

Louise Daignault Robitaille

AVERTISSEMENT

Ces trucs, même s'ils ont été testés par l'auteure, demeurent des suggestions pour résoudre plusieurs types de problèmes d'entretien ménager ou pour enlever les taches. L'auteure et l'éditeur ne peuvent garantir un succès absolu de ces trucs et astuces dans toutes les circonstances possibles et déclinent toute responsabilité quant aux dommages résultant de leur mise en application.

1

L'ABC des trucs

Abat-jour

Délogez la poussière accumulée entre les petits plis d'un abat-jour à l'aide d'un pinceau à poils souples.

La saleté sur un abat-jour de papier s'enlève bien avec une gomme à effacer. On peut laver les abat-jour en tissu avec un chiffon et de l'eau savonneuse. Faites sécher rapidement avec un sèche-cheveux, afin que de petites taches de rouille causées par l'armature métallique n'apparaissent pas sur le tissu.

Un abat-jour en acier inoxydable se nettoie avec de l'eau chaude savonneuse. Séchez avec un linge sec. Lorsque l'abat-jour est sec, redonnez-lui son lustre en le frottant avec un chiffon imprégné de quelques gouttes de glycérine. Polissez ensuite avec un linge doux ou une peau de chamois.

Abeille

Si une abeille ou une guêpe vous embête dans la maison, envoyez-lui un jet de fixatif pour cheveux. La laque ralentira sa course en raidissant ses ailes et l'abeille sera rapidement immobilisée.

Acarien

Vous pouvez en éliminer une grande partie, mais dites-vous bien que les acariens sont présents même dans les maisons les plus propres. Ils aiment particulièrement la chaleur de votre lit, car ils se nourrissent de cellules mortes, abondantes dans la literie.

Un entretien régulier de votre lit fera un bon ménage dans la colonie.

La literie • Lavez la literie une fois par semaine. Les oreillers recouverts d'une taie bien fermée doivent être lavés ou nettoyés deux ou trois fois par année.

Aérez la couette régulièrement et pensez à laver ou à nettoyer à sec la couette lors des changements de saison.

Le matelas peut devenir un bon refuge pour les acariens. Évitez les matelas en mousse. Nettoyez régulièrement le matelas avec du bicarbonate de soude et profitez de l'occasion pour le retourner et l'aérer. Une housse étanche recouvrant le matelas vous protège aussi des acariens.

Tous les jouets en peluche qui vont au lit avec vos enfants doivent aussi être nettoyés ou lavés régulièrement.

Textiles, moquettes : Les rideaux, voilages, draperies doivent être lavés deux fois par an. Les meubles rembourrés sont à dépoussiérer à l'aspirateur deux fois par mois et pensez à un nettoyage à sec une fois l'an.

La méthode la plus efficace pour nettoyer vos tapis est le nettoyage à sec une fois l'an. Si vous préférez les laver à l'eau, ajoutez du bicarbonate de soude à l'eau de lavage et surtout aérez la pièce pour bien

faire sécher le tapis afin d'éviter la moisissure. Le taux d'humidité ne doit pas dépasser 50 % dans les chambres à coucher.

Un bon époussetage • Pensez à épousseter régulièrement vos meubles et à vérifier votre système de ventilation. Un petit coup d'aspirateur sur toutes vos bouches de ventilation éliminera une bonne quantité de la poussière que l'on trouve dans la maison.

Accroc

Il est facile de réparer un accroc dans un tissu de nylon, un sac de couchage ou une tente de camping. Pour ce faire, brûlez délicatement les bords de la déchirure avant de coudre l'accroc avec un fil de nylon.

Acier inoxydable

Généralement, on peut nettoyer tous les objets en acier inoxydable en les lavant à l'eau chaude savonneuse.

On peut enlever les taches blanches tenaces, provoquées par le sel, avec un tampon à récurer que l'on trempe dans un peu de jus de citron. Il faut toujours frotter doucement, sans mouvement de rotation, afin de ne pas rayer les objets. Le tampon à récurer ne doit être utilisé qu'en dernier ressort, car il est très abrasif.

Un linge imbibé de vinaigre nettoie bien l'acier inoxydable, et le bicarbonate de soude déloge les aliments brûlés et collés.

Les taches de calcaire disparaissent avec une pâte composée de sel de mer et de vinaigre chaud. Rincez bien ensuite.

Pour redonner son lustre à l'inox, frottez-le à l'alcool de bois ou avec quelques gouttes d'huile d'olive.

Aiguilles à coudre

Les aiguilles ont tendance à rouiller et ne sont pas toujours bien affûtées. Plantez-les dans une pelote de laine d'acier et rangez-les

dans votre boîte à couture. À la prochaine utilisation, elles seront bien acérées.

Si votre vue baisse et que vous avez de la difficulté à enfiler une aiguille, trempez le bout de votre fil dans du vernis incolore ou vaporisez dessus de la laque pour cheveux, puis laissez sécher quelques secondes. Le voilà bien raidi et plus facile à enfiler dans le chas d'une aiguille. Pour éliminer l'électricité statique, passez l'aiguille à travers une feuille d'assouplissant textile ou tout simplement promenez l'aiguille quelques secondes dans vos cheveux.

Si vous avez de la difficulté à faire passer l'aiguille à travers un tissu épais, piquez-la régulièrement dans un morceau de savon. L'aiguille glissera facilement.

Aiguilles à tricoter

Si les aiguilles ont tendance à coller, frottez-les avec du papier ciré ; elles glisseront facilement.

Aiguilles de sapin

Pas toujours facile de ramasser des aiguilles de sapin sur le tapis ! Insérez un bas de nylon sur le boyau de l'aspirateur. Les aiguilles resteront coincées dans le bas, et ce, sans aucun danger pour l'aspirateur ; vous n'aurez qu'à jeter le bas une fois le travail terminé.

Album photos

Pour retirer des photos d'un album dont les pages sont recouvertes d'une pellicule adhésive, sans rien endommager, faites glisser l'air chaud de votre sèche-cheveux sous la pellicule plastique.

Ampoule halogène

Il ne faut pas toucher une ampoule halogène avec les doigts, car elle risque d'éclater. Si par mégarde vous y touchiez, essuyez-la avec

de l'alcool à friction pour enlever les dépôts de matière grasse qui altèrent la durée de vie de l'ampoule.

Ampoule médicale

Pas toujours facile de casser l'extrémité d'une ampoule de médicament. Un bon truc : glissez une des extrémités dans un trou de bouton, puis appuyez d'un coup sec. Ainsi, vous ne vous couperez pas.

Ampoules électriques

Époussetez non seulement les abat-jour mais également les ampoules électriques, dont le rendement diminue lorsqu'elles sont recouvertes de poussière.

Versez quelques gouttes de votre parfum préféré sur les ampoules électriques. Lorsque vous allumerez la lumière, une bonne odeur se répandra dans toute la maison.

À l'extérieur de la maison, les ampoules sont difficiles à enlever, car la corrosion les affecte. Pour éviter que le culot se casse à l'intérieur de la douille, pensez à le recouvrir d'un peu de vaseline.

Si l'ampoule électrique se brise quand même dans la douille, commencez par couper l'électricité au panneau de distribution. Enfilez ensuite un gant de travail et, à l'aide d'une boule de papier journal ou d'une demi-pomme de terre, agrippez le reste de l'ampoule et faites-la tourner vers la gauche en tenant bien la douille avec votre main libre.

Angora

Si le chandail en angora que vous vous apprêtez à porter a tendance à perdre des poils, mettez-le dans un sac de plastique et placez-le au congélateur durant trois ou quatre jours.

On lave l'angora à la main, à l'eau froide, avec un savon pour tissus délicats. Faites sécher à plat. Brossez ensuite le tricot délicatement pour redonner à la laine toute sa souplesse.

Appliques antidérapantes

On enlève ces appliques dans le fond de la baignoire en les chauffant avec un sèche-cheveux. Ensuite, on fait disparaître la colle avec un solvant ou de la térébenthine.

Appliques sur tissu

Les appliques apposées au fer chaud résisteront plus longtemps au lavage si vous faites tremper le vêtement dans de l'eau froide salée. Laissez sécher, puis repassez le vêtement.

Pour enlever un vieux transfert par décalcomanie sur un vêtement, imbibez-le de vinaigre chaud au pinceau, puis laissez pénétrer. Le transfert partira facilement lorsque vous laverez le vêtement.

Aquarium

Il est important de remplacer régulièrement une certaine quantité d'eau dans tous les aquariums. L'eau que vous y ajoutez ne doit pas contenir trop de chlore. Il faut donc être prudent au cours de l'été, alors que les services municipaux relèvent le taux de chlore dans le traitement de l'eau.

L'eau que vous retirez de l'aquarium est bourrée de minéraux; vous pouvez donc la recycler en arrosant vos plantes.

Il est important de ne jamais utiliser de savon, même de savon à vaisselle, pour laver l'intérieur d'un aquarium. Les poissons n'apprécient pas tellement ce type de bulles...

On entretient un aquarium en passant une raclette sur les parois vitrées; c'est la meilleure façon de déloger les dépôts. Évitez de remuer le sable au fond, car celui-ci risquerait de rayer le verre.

Les coquillages ou les fleurs en plastique doivent tremper dans de l'eau javellisée environ dix minutes, puis être rincés à grande eau.

L'ABC DES TRUCS

 Araignées

Pour empêcher les araignées de tisser leur toile dans les recoins de maison, déposez-y quelques feuilles de plants de tomate. Cette odeur indésirable est souvent fatale aux araignées.

Ardoise

Les sols d'ardoise se lavent à l'eau savonneuse. Après un bon rinçage, on peut appliquer une bonne couche de cire liquide, sans silicone.

Le lait donne du lustre à l'ardoise. Passez un chiffon imbibé de lait sur l'ardoise, lustrez ensuite avec un chiffon doux.

Argenterie

Égratignures • Un tampon de chamois trempé dans l'huile d'olive enlève les égratignures sur l'argenterie. Un bouchon de liège trempé dans la cendre de cigarette permet aussi de faire reluire l'argenterie.

Nettoyage sans effort • Faites prendre un bain à l'argenterie dans l'eau de cuisson des épinards ou de la rhubarbe. Faites tremper plusieurs heures, rincez et faites reluire.

Il faut laver l'argenterie le plus tôt possible après l'utilisation. L'oxygène combiné aux résidus d'aliments provoque une oxydation qui ternit et abîme la surface. En lavant les couverts dans une eau savonneuse immédiatement après le repas, vous éviterez ce problème. Essuyez l'argenterie, car l'eau qui sèche à l'air y laisse des traces.

Le bicarbonate de soude est un bon nettoyant. Il suffit de couvrir l'évier d'une feuille de papier d'aluminium, côté brillant au-dessus. Remplissez d'eau chaude, plongez-y l'argenterie et ajoutez une bonne quantité de bicarbonate de soude.

On peut aussi nettoyer l'argenterie en faisant tremper les couverts recouverts d'une feuille de papier d'aluminium pendant une quinzaine de minutes dans de l'eau chaude salée (ou une eau additionnée moitié-moitié de bicarbonate de soude et de sel). Bien rincer.

Une vieille brosse à dents est utile pour les ciselures difficiles à atteindre. On trouve sur le marché d'excellentes pâtes pour nettoyer les pièces antiques qui présentent de nombreux ornements. On doit frotter délicatement l'argenterie, spécialement celle qui est plaquée, car sa couche superficielle est très mince.

Les piqûres noires sont difficiles à déloger. Essayez de frotter avec du dentifrice. La rouille disparaît si vous la frottez avec un chiffon imbibé de térébenthine, et les taches mineures s'en vont en les frottant avec du sel humide. Rincez bien après cette opération.

On peut redonner de l'éclat à de l'argenterie devenue mate en la frottant avec une pomme de terre enduite de bicarbonate de soude.

Rangement • On peut éviter l'oxydation qui se produit avec le temps en recouvrant l'argenterie de papier de soie, de papier journal, de feutrine, de flanelle ou de velours noir. Il vaut mieux la ranger à l'abri de la lumière.

En plaçant dans un coin de votre vaisselier un morceau de camphre ou de charbon de bois, vous ralentirez l'oxydation.

Il faut prendre soin de ne jamais utiliser un élastique pour maintenir en place des pièces d'argenterie, car celui-ci laisserait des marques indélébiles.

Armoires de cuisine

Si une pellicule graisseuse recouvre le dessus ou les tablettes de vos armoires, ajoutez une poignée de gros sel à déglacer à l'eau savonneuse que vous utilisez pour laver.

Pour empêcher le gras et la poussière de s'accumuler sur le dessus de vos armoires de cuisine, tapissez le bois ou la mélamine de papier ciré, que vous remplacerez le printemps venu.

Il est facile de nettoyer les armoires en mélamine avec un produit lave-vitre.

L'ABC DES TRUCS

Aspirateur

L'aspirateur peut perdre de son efficacité lorsque des cheveux s'enroulent autour du rouleau. Utilisez une lame de rasoir pour couper les cheveux accumulés et il vous sera facile de les déloger en tournant la brosse.

Il ne faut jamais aspirer un dégât d'eau avec l'aspirateur au risque d'endommager ou de brûler le moteur.

On peut nettoyer le filtre de l'aspirateur en le frottant sur le gazon. Les poussières se délogent facilement. Pour faire disparaître les marques noires sur l'extérieur de l'aspirateur, il suffit de les frotter avec de l'alcool à friction.

Après avoir passé l'aspirateur dans la maison, si vous trouvez que l'air ambiant semble poussiéreux, vous ne rêvez pas! La plupart des filtres des aspirateurs laissent échapper quelques particules de poussière qui se retrouvent près du moteur pour ensuite poursuivre leur route à l'air libre.

Bien sûr, on doit changer le filtre de l'aspirateur régulièrement. Pour masquer l'odeur caractéristique de la poussière, déposez sur le filtre une ouate imbibée de votre parfum préféré. Celui-ci se répandra dans la maison tout au long de votre ménage.

Vérifiez le sac régulièrement. Dès qu'il est plein, l'aspirateur est moins efficace et il faut s'empresser de le changer.

Assouplissant textile

Si vous manquez d'assouplissant, ajoutez à l'eau de rinçage 250 ml de vinaigre ou 60 ml de bicarbonate de soude.

Vous pouvez fabriquer un assouplissant textile maison pour la sécheuse en découpant une éponge neuve en petits cubes que vous déposez dans un bocal contenant de l'assouplissant liquide. Laissez les morceaux s'imbiber du produit. Au moment de vous en servir, pressez chaque éponge fermement entre vos doigts, afin d'éliminer le surplus d'assouplissant, et déposez-la dans

la sécheuse avec les vêtements. Chaque cube peut être utilisé plusieurs fois.

Utilisez les feuilles usagées d'assouplissant pour vos articles de confection artisanale. Rembourrez les jouets en peluche, coussins et poupées de chiffon que vous fabriquez.

Autocollants

Pour enlever les résidus de colle qui ont adhéré au fond de la baignoire, appliquez un papier essuie-tout imbibé de Lestoil. Laissez reposer toute la nuit avant de gratter la colle avec une lame de rasoir.

Pour enlever des autocollants sur les meubles et les murs, utilisez la chaleur du séchoir à cheveux pour les soulever délicatement. Enlevez les résidus de colle avec un bon produit de nettoyage.

Vous pouvez enlever un autocollant sur les vitres d'une automobile avec de l'essence à briquet. Grattez délicatement avec une lame de rasoir.

Autocuiseur

La chaleur peut déformer et faire durcir le joint d'étanchéité d'un autocuiseur ou d'un autoclave. Avant de le remplacer, nettoyez la rainure avec une vieille brosse à dents et un savon liquide. La soupape encrassée peut être nettoyée avec un coton-tige et du vinaigre chaud.

Automobile

On nettoie les sièges d'automobile en suède en les brossant avec une eau additionnée de vinaigre ou de Club Soda (1 mesure pour 4 mesures d'eau). Le nettoyeur pour les vitres (style Windex incolore) enlève aussi les petites taches. Il suffit de vaporiser les taches et de les brosser énergiquement.

Nettoyez votre voiture avec de vieux bas de nylon. Ils font d'excellents chiffons, n'égratignent pas la peinture et délogent rapidement les insectes collés à la carrosserie.

L'ABC DES TRUCS

Avant d'entreprendre un long trajet, vaporisez de l'huile en aérosol sur le pare-chocs de la voiture. Les insectes n'y adhéreront pas.

Conservez quelques vieux bouts de tapis dans votre coffre. Si l'automobile reste coincée dans la neige, placez-les sous les roues motrices.

La litière pour chats peut aussi vous dépanner dans les mêmes circonstances.

Pour empêcher les serrures de l'automobile de geler pendant l'hiver, lubrifiez-les avec de la vaseline. En cas de gel, le sèche-cheveux demeure votre meilleur ami, sinon réchauffez votre clé à la flamme d'un briquet.

L'hiver, glissez une bonne couche de papier journal sur les tapis de la voiture et sous les tapis caoutchoutés. Ils absorberont le surplus d'eau.

Un panier à linge rangé dans le coffre est pratique pour rassembler tous vos sacs d'épicerie et il facilitera le transport dans la maison.

Essuie-glaces • Frottez énergiquement vos essuie-glaces usés avec un papier émeri fin (communément appelé papier sablé). Vous en prolongerez l'utilisation de quelques mois.

Un bon nettoyage occasionnel des essuie-glaces avec de l'alcool à friction évitera de barbouiller votre pare-brise.

B

Bac à papier peint

Une baignoire de plastique pour bébé peut vous dépanner pour remplacer le bac à papier peint lorsque vous avez à poser du papier peint préencollé. Dépliez un cintre métallique et tendez-le à travers la baignoire. Cette barre facilitera le déroulement du rouleau.

Bac à peinture

Nettoyer le bac à peinture une fois le travail terminé n'est vraiment pas drôle ! Facilitez-vous la vie en recouvrant votre récipient d'une feuille de papier d'aluminium avant d'y verser la peinture. Le travail terminé, vous n'aurez qu'à transvider le reste de peinture dans le pot et à retirer la feuille. Super ! Le contenant ne requiert plus qu'un léger rinçage.

L'ABC DES TRUCS DE MADAME CHASSE-TACHES

Bague (VOIR AUSSI BIJOUX)

Si votre bague est trop juste et que vous devez l'enlever, faites tremper votre doigt dans un bol d'eau froide, puis savonnez-le. Faites glisser la bague lentement en effectuant quelques demi-tours.

Baignoire

Changer la silicone • Si vous désirez enlever le vieux ruban de silicone autour de la baignoire et le remplacer par un nouveau produit, le meilleur instrument reste la lame de rasoir ou le couteau Exacto. Pour obtenir une bande uniforme lorsque vous appliquez la nouvelle couche de silicone, apposez un ruban à masquer sur le mur et sur la baignoire à quelques millimètres du joint. Appliquez la silicone et retirez le ruban avant que le produit soit complètement sec.

Vous avez quelques retouches à faire ou vous voulez camoufler un fini irrégulier ? Rien de mieux que le bout de votre doigt, humecté de salive. On peut nettoyer ce contour en silicone avec de l'alcool à friction.

Si une fente se crée entre la baignoire et le carrelage, remplissez la baignoire d'eau avant de mettre un produit scellant. La rainure s'ouvre davantage lorsque la baignoire est pleine.

Nettoyage • Pour enlever les taches tenaces, mélangez 60 ml de bicarbonate de soude, 125 ml d'eau de Javel et 1 litre d'eau chaude. Appliquez cette solution dans la baignoire tachée et laissez reposer une quinzaine de minutes avant de rincer à l'eau froide.

On peut aussi enlever les taches tenaces et faire reluire la baignoire en la saupoudrant de sel et en la frottant avec un linge imbibé de térébenthine. Laissez reposer quelques minutes avant de rincer. Dans le cas de taches très tenaces, utilisez un produit pour nettoyer le four après avoir bien rincé la baignoire.

Les taches de rouille dans une baignoire disparaissent en les frottant avec un demi-citron saupoudré de sel.

Bain de bébé

Si vous êtes craintif lors du bain de bébé, déposez un essuie-mains en ratine dans le fond de la baignoire ou de l'évier avant de faire couler l'eau. Portez aussi des gants de coton lors du bain, ainsi bébé ne glissera pas entre vos mains et sera bien maintenu en place dans la baignoire.

Balles de golf

On enlève les taches sur les balles de golf en les nettoyant dans une eau additionnée d'ammoniaque ou de bicarbonate de soude (1 mesure pour 6 mesures d'eau). Utilisez une brosse pour enlever les taches d'herbe plus difficiles à déloger.

Balles de ping-pong

Les enfants vous réclament encore de nouvelles balles de ping-pong parce que les vieilles, bien cabossées, sont désormais inutilisables ? Faites-les bouillir quelques minutes dans l'eau, toutes les bosses disparaîtront.

Balles de tennis

Récupérez les balles de tennis usagées. Vous pouvez en glisser quelques-unes dans la sécheuse lorsque vous séchez des couettes, sacs de couchage, manteaux en duvet. Elles ont la propriété de bien répartir également les rembourrures.

Vous pouvez aussi les récupérer pour les enseignants qui les coupent en deux et les glissent sous les pattes des chaises des enfants pour obtenir une classe moins bruyante (tout au moins au niveau du sol).

Bambou

Le bambou se nettoie avec la solution suivante : dans 1 litre d'eau chaude, mélangez 15 ml de térébenthine et 45 ml d'huile de lin. Frottez le meuble et laissez sécher à l'ombre.

L'ABC DES TRUCS DE MADAME CHASSE-TACHES

Barbecue

Avant d'utiliser votre barbecue pour la première fois de la saison, vérifiez attentivement son état, spécialement le brûleur que vous devrez peut-être remplacer. Les tuyaux présentent-ils des traces d'usure ou de fuite ? Enlevez la rouille sur les grilles avec une brosse métallique et nettoyez bien l'intérieur du barbecue.

Vérifiez la bouteille de propane ; il ne faut jamais l'utiliser si elle est endommagée. Après dix ans, il est plus prudent de la rapporter chez le fournisseur et de se procurer une nouvelle bouteille sécuritaire.

En début de saison, pour repérer une fuite sur un boyau, badigeonnez tous les joints et les raccords du boyau avec un pinceau imbibé d'eau savonneuse. Ensuite, ouvrez le réservoir et observez où se forment des bulles. Fermez le réservoir et remplacez le boyau ou le raccord endommagé avant d'utiliser à nouveau votre barbecue.

Un truc rapide pour nettoyer les grilles du barbecue encrassées : déposez-les une nuit entière dans le gazon. Eh oui ! Les enzymes du gazon feront le travail à votre place.

Bas (chaussettes) blancs

Réunissez tous les bas grisâtres dans une grande casserole. Couvrez-les d'eau et ajoutez plusieurs rondelles de citron. Faites bouillir jusqu'à ce que les membres de votre famille commencent à s'inquiéter du repas que vous leur préparez ou jusqu'à ce que les chaussettes soient redevenues bien blanches.

La nuit précédant le lavage, faites tremper les bas dans une eau fortement salée.

Bas (chaussettes) de laine

Avant de jeter les vieux bas de laine que vous ne voulez plus porter, pensez à les utiliser pour polir l'argenterie ou encore les chaussures que vous venez de cirer. Efficace et rapide. De plus, vous ne vous tacherez pas.

L'ABC DES TRUCS

Utilisez-les aussi pour recouvrir les patins des petits pieds frileux des enfants qui s'amuseront sur la patinoire cet hiver.

Bas de nylon

Pour prolonger la vie de vos bas, vous pouvez les passer sous l'eau froide et les congeler quelques heures. Évidemment, il faudra les faire sécher complètement avant de les porter.

Un morceau de sucre fondu dans l'eau de rinçage, en les empesant, prolonge leur durée, tout comme un léger repassage au fer doux.

L'utilisation d'un assouplissant liquide ou l'ajout de quelques gouttes de glycérine lors du rinçage protège les bas-culottes et en prolonge la durée.

Au lavage, utilisez une eau tiède savonneuse et ne les frottez pas avec un pain de savon. Pour les essorer, pressez-les dans une serviette éponge, sans les tordre. Suspendez-les pour les faire sécher.

Si vous préférez laver vos bas-culottes à la machine, déposez-les dans une vieille taie d'oreiller que vous fermerez avec un cordonnet ou un élastique. Les bas seront lavés sans risque qu'ils s'emmêlent ou se déchirent. Si vous les faites sécher sur une corde à linge, accrochez une épingle à linge aux pieds, les collants ne s'enrouleront et ne s'emmêleront pas.

Évitez la sécheuse, car les collants perdront leur élasticité et la bande élastique à la taille s'endommagera rapidement.

Récupération des bas • Si un collant a des mailles mais est récupérable, appliquez une goutte de vernis à ongles rouge sur la bande élastique, à la taille, et rangez les bas dans votre tiroir. Vous saurez ainsi immédiatement quels collants vous pouvez porter avec un pantalon et non avec une jupe courte.

Les bas de nylon sont les meilleurs chiffons que vous possédez pour épousseter, laver des vitres très sales ou cirer vos bottes.

Pour obtenir des cheveux brillants, recouvrez votre brosse à cheveux d'un bas de nylon avant de l'utiliser.

Le nylon enlève aussi toute trace de fixatif.

Pour retrouver une épingle ou un petit bijou, il suffit de recouvrir le bout du tuyau de votre aspirateur d'un bas de nylon, et vous pourrez récupérer l'objet perdu sans qu'il pénètre dans l'appareil.

Rangez dans un vieux bas les bulbes de fleurs que vous devez remiser pour l'hiver. L'aération évitera l'apparition de moisissures.

Batteur électrique

Pour éviter les éclaboussures lorsque vous fouettez de la crème ou préparez une mousse, percez un trou au centre d'une feuille de papier ciré, glissez-y le batteur électrique et recouvrez votre bol avec le papier.

Béret

Laver à la main un béret sans le déformer, c'est possible ! Retournez-le et glissez-y une assiette de la même taille. Laissez sécher.

Béton

Les taches et marques sur le béton s'enlèvent avec une solution composée d'acide muriatique et d'eau. La proportion d'une partie d'acide muriatique pour cinq parties d'eau est généralement efficace. On doit rincer abondamment après le nettoyage.

Biberon

Il est très important de nettoyer et de stériliser les biberons des nouveau-nés. On s'évite bien du travail si l'on a bien rincé les biberons à l'eau froide après chaque repas.

On nettoie le tout, biberons, tétines, capuchons et bagues à vis, partout où le lait peut s'insérer, avec une petite brosse imbibée d'eau savonneuse. Si vous n'avez pas de brosse sous la main, versez de l'eau savonneuse dans le biberon, ajoutez une poignée de riz.

Fermez le biberon et agitez. Rincez abondamment.

Bien propres, les biberons peuvent maintenant être stérilisés. Il est primordial de stériliser les biberons jusqu'à ce que le bébé ait atteint quatre mois.

Si les biberons gardent une odeur de lait suri, lavez-les avec une brosse, de l'eau chaude et du dentifrice ou de l'eau additionnée de bicarbonate de soude.

Bibliothèque

Un époussetage régulier préservera vos livres. Attention de ne pas vaporiser de produit nettoyant sur les reliures et ainsi créer de l'humidité qui vous apportera plusieurs problèmes.

Lors d'un nettoyage approfondi de la bibliothèque, retirez tous les livres, nettoyez avec un produit pour le bois ou le verre selon le type de bibliothèque et attendez que les étagères soient bien sèches avant d'y replacer les livres.

Bicyclette

Après une randonnée sous la pluie, décrassez les pièces mécaniques à l'aide d'un jet d'eau à basse pression et de détergent à vaisselle liquide. Utilisez une vieille brosse à dents pour atteindre les parties difficilement accessibles telles que le pédalier. Essuyez ensuite le vélo avec un linge sec.

Bijoux de fantaisie

Les bijoux tachés de vert-de-gris auront l'air neufs si vous les nettoyez avec du ketchup. Mais surtout, rincez-les bien !

Si un bijou ternit au contact de la peau, recouvrez-le d'une fine couche de vernis à ongles incolore.

Attention de ne pas vaporiser de parfum ou d'eau de toilette sur les bijoux.

L'ABC DES TRUCS DE MADAME CHASSE-TACHES

Nettoyez les bijoux d'imitation or ou de pierres précieuses en les frottant avec un chiffon saupoudré de farine ou de talc. Polissez-les ensuite avec une peau de chamois.

Si vous devez refaire un collier qui vient de se briser, utilisez de la soie dentaire cirée. Le collier ne se brisera pas à nouveau.

Bijoux en argent

Vous ferez briller les bijoux en argent avec un chiffon imbibé de jus de citron. Vous pouvez aussi les faire reluire en les trempant dans du lait que vous faites surir en ajoutant quelques gouttes de jus de citron.

Une vieille brosse à dents et un peu de dentifrice nettoient à merveille les bijoux. Polissez ensuite avec un chiffon doux.

Bijoux en or

Nettoyez les bijoux avec une pâte composée de 5 ml de bicarbonate de soude et d'un peu d'eau. Frottez-les et rincez à l'eau claire.

Bois blanc

L'huile de lin dont vous imbibez un chiffon demeure la meilleure cire que vous puissiez appliquer pour conserver son beau lustre au bois blanc.

Bois de grève

Vous avez ramené quelques épaves ramassées sur la plage lors des dernières vacances ? Pour nettoyer ce bois et unifier sa couleur, laissez-le tremper dans un mélange d'eau de Javel et de sel. Répétez l'opération jusqu'à ce que vous obteniez la couleur désirée. Rincez abondamment à l'eau claire et laissez sécher quelques jours à l'extérieur.

L'ABC DES TRUCS

Boîte à couture

Pas toujours facile de s'y retrouver dans cette boîte qui contient une multitude de petits objets... Les contenants à médicaments transparents permettent de ranger boutons, épingles, etc., qui seront visibles d'un coup d'œil.

Les boîtes à œufs en polystyrène avec leurs petites cases permettent aussi un rangement rapide.

Boîte à fleurs

Si les boîtes à fleurs ou boiseries extérieures ont noirci, avant de les teindre à nouveau, passez dessus un papier émeri fin et frottez le bois avec du peroxyde jusqu'à ce que les marques noires disparaissent.

Boîte à lunch

Nettoyez-la avec de l'eau additionnée de bicarbonate de soude. Pour chasser une mauvaise odeur, imbibez de vinaigre un croûton de pain que vous déposerez dans la boîte quelques heures ou toute la nuit.

Boîte aux lettres

Si la publicité et les lettres d'offres de toutes sortes vous embêtent, apposez une étiquette sur votre boîte « pas de publicité ». Pour limiter les envois postaux, retournez la lettre à l'expéditeur en indiquant sur l'enveloppe « décédé ». Par sympathie, les compagnies retireront votre nom de leur liste d'envoi et vous retrouverez la paix tout en conservant votre bonne santé mentale.

Bol à salade en bois

Frottez régulièrement avec une feuille de papier ciré l'intérieur de vos bols à salade et vos ustensiles en bois. Vous empêcherez ainsi l'huile et les vinaigrettes de pénétrer le bois et de l'abîmer.

L'ABC DES TRUCS DE MADAME CHASSE-TACHES

Bottes caoutchoutées

Pour redonner du lustre aux bottes de caoutchouc, lavez-les dans de l'eau savonneuse. Si elles sont tachées, nettoyez-les avec une éponge imbibée d'eau fortement vinaigrée. Rincez ensuite à l'eau claire. Essuyez-les avec un chiffon de laine, puis lustrez-les avec un chiffon imbibé de glycérine.

Lorsque vous les rangerez, au début de l'hiver, bourrez-les de papier journal après en avoir frotté l'extérieur de glycérine, puis placez-les dans un endroit sec et aéré.

Bottes de cuir

Voici de bonnes recettes pour nettoyer vos bottes à la fin de l'hiver, avant de les ranger jusqu'à la prochaine saison.

De l'eau vinaigrée enlève les taches et les cernes de calcium.

Un blanc d'œuf battu étendu au pinceau nettoie aussi le cuir. Laissez sécher avant de frotter avec un chiffon de laine sec.

La térébenthine enlève les petites taches de moisissure laissées sur le cuir mouillé.

La vaseline enlève les taches causées par l'eau. Laissez bien pénétrer avant de frotter.

La vaseline, la lanoline ou la glycérine liquide nourrissent et assouplissent le cuir. Il suffit de frotter les bottes avec un chiffon imprégné du produit que vous possédez.

Le lait écrémé tiède ou l'huile d'olive donnent un aspect brillant au cuir verni.

Cuir détrempé • Lorsque vous rentrez à la maison les bottes détrempées, enfilez-les sur un embauchoir ou roulez du papier journal pour bien les bourrer. Surtout, faites-les sécher loin de toute source de chaleur, sinon le cuir pourrait rétrécir et se fendiller.

Enfilage des bottes • Pas toujours facile d'enfiler des bottes étroites. Vaporisez l'intérieur avec un aérosol à base de silicone. Vos pieds s'y glisseront alors facilement.

Bottes de ski

Éliminez l'humidité en bourrant les bottines de ski, ou les patins, de papier journal avant de les ranger au retour d'une journée endiablée. Ne les faites jamais sécher près d'une source de chaleur.

Bougies

Le truc de ranger les chandelles au congélateur avant de les utiliser afin qu'elles ne coulent pas sur la nappe pendant le repas est efficace. Mais si on a oublié de le faire, pas de panique ! Il suffit de disposer quelques grains de sel autour de la mèche. Ainsi, les bougies ne couleront pas et brûleront plus lentement.

Les bougies se consumeront aussi moins rapidement si vous les frottez avec un pain de savon avant de les allumer. Après utilisation, il est conseillé de tremper le bout de la mèche dans la cire fondue, puis de redresser la mèche, qui ne se cassera pas au prochain allumage.

Pour nettoyer des bougies que vous conservez depuis un certain temps et qui se sont empoussiérées, frottez-les tout simplement avec un vieux bas de nylon.

Bouilloire

Récurez votre bouilloire en y versant un mélange d'eau et de vinaigre que vous aurez laissé bouillir quelques minutes. Rincez.

Les dépôts minéraux à l'intérieur des bouilloires, théières, cafetières s'éliminent grâce à une écorce de citron ajoutée à 500 ml d'eau. Laissez tremper de quatre à cinq heures avant de rincer à l'eau chaude.

Si vous utilisez une ancienne bouilloire, placez-y une coquille d'huître. Le calcaire s'y déposera et le nettoyage en sera grandement facilité.

L'ABC DES TRUCS DE MADAME CHASSE-TACHES

Bouillotte

Lorsque vous préparez une bouillotte, ajoutez une cuillerée de gros sel de mer à l'eau. La température de cette dernière restera élevée beaucoup plus longtemps et vous dormirez les pieds bien au chaud.

Boule antimites

Eh non, il n'est pas facile de faire disparaître l'odeur tenace de la boule antimites imprégnée dans des vêtements et dans un meuble de rangement...

Lavez les vêtements à l'eau très chaude, laissez sécher et faites aérer au grand air pendant quelques jours.

Lorsque vous laverez les vêtements de nouveau, ajoutez quelques gouttes de votre parfum préféré à l'eau de rinçage.

Pour nettoyer le coffre, passez d'abord l'aspirateur pour enlever tout résidu. Lavez ensuite à l'eau chaude savonneuse ; au besoin, ajoutez un peu d'eau de Javel. Laissez sécher, puis une bonne aération à l'extérieur aidera à éliminer les odeurs. Par contre, si l'odeur de la boule antimites persiste, vous devez vous résigner à sabler délicatement tout l'intérieur du meuble avant de répéter l'opération de nettoyage. Déposez ensuite dans le meuble un sachet de pot-pourri, des copeaux de cèdre ou une ouate imbibée d'essence de vanille ou de votre parfum préféré.

Il existe maintenant sur le marché des copeaux de cèdre qui sont aussi efficaces que les boules antimites et qui ne laissent pas une odeur indésirable dans les vêtements.

Boule de quille

Nettoyez les boules rendues huileuses après plusieurs parties dans de l'eau chaude additionnée de savon à vaisselle. Un coup de chiffon avec un nettoyant pour les vitres les fera reluire en enlevant les saletés, mais elles resteront quand même huileuses.

L'ABC DES TRUCS

Bouteille de fixatif

Si la bouteille en aérosol ne fonctionne plus, probablement bouchée par le produit qui s'est accumulé dans le conduit, retirez l'embout et passez-le sous l'eau chaude ou remplacez-le par celui, fonctionnel, d'une autre bouteille. Il y a de bonnes chances que votre bouteille fonctionne à nouveau.

Bouteille de ketchup

Vous avez de la difficulté à arroser vos plantes suspendues ou à verser de l'eau dans la soucoupe de la plante que vous désirez arroser ? Convertissez en arrosoir une vieille bouteille de ketchup qu'on presse.

Bouteille thermos

Les bouteilles thermos ne doivent pas être plongées dans l'eau chaude ni mises au lave-vaisselle ; un simple rinçage suffit. Si un dépôt se forme au fond, versez dans la bouteille une poignée de gros sel et de l'eau froide, puis agitez ; les taches disparaîtront. Rincez à l'eau légèrement chaude. Le bouchon peut être nettoyé avec du savon à vaisselle. On peut aussi laver ce type de bouteille avec de l'eau additionnée de bicarbonate de soude.

Boutons

Solidifiez le fil d'un bouton en laissant tomber au revers une goutte de vernis à ongles incolore, qui scellera les fibres entre elles. Vous pouvez aussi protéger les boutons qui résisteront à l'usure et aux lessives en les recouvrant d'une légère couche de vernis à ongles. Répétez l'opération après quelques lavages.

La soie dentaire cirée est idéale pour coudre les boutons de métal dont le fil se rompt rapidement.

Pour une fixation plus solide, il suffit de coudre un bouton à quatre trous en formant un X avec le fil.

L'ABC DES TRUCS DE MADAME CHASSE-TACHES

Lorsque vous avez à recoudre un bouton sur un ciré ou un imperméable plastifié, collez un morceau de pansement adhésif à l'envers de l'emplacement du bouton. Celui-ci tiendra bien en place sans déchirer le tissu.

Un bouton supplémentaire est souvent offert à l'achat d'un vêtement. Attachez la petite pochette contenant le bouton au cintre qui servira au vêtement. Vous l'aurez à la portée de la main au besoin.

Boyau d'arrosage

Il est recommandé de ranger les boyaux d'arrosage à l'intérieur de la maison pour la saison froide. À l'extérieur, il est préférable de ranger le boyau enroulé à l'ombre, à l'abri des rayons du soleil.

Briques

On enlève les taches de peinture sur la brique en les frottant énergiquement avec une brosse et un décapant à peinture. Vous devrez peut-être répéter l'opération; protégez-vous, car vous serez rapidement éclaboussé.

Briques du foyer (VOIR AUSSI FOYER)

Brossez énergiquement les briques avec une eau fortement vinaigrée. Rincez à l'eau claire.

On dépoussière un mur de brique avec un sèche-cheveux ou un coup d'aspirateur.

Bronze

Il est facile de redonner son éclat à du bronze doré. Il suffit de faire tremper l'objet quelques minutes dans un récipient contenant du vin rouge ou blanc bouillant. Laissez agir quelques minutes avant d'assécher l'objet avec un linge absorbant. Terminez le séchage avec un séchoir à cheveux.

Brosse à cheveux

Lavez les brosses à l'eau chaude additionnée de savon à vaisselle liquide. Laissez tremper pour déloger les résidus de fixatif. Si la brosse a besoin d'être désinfectée, donnez-lui un bain additionné de bicarbonate de soude.

Broyeur d'évier

Si votre broyeur dégage de mauvaises odeurs, jetez-y quelques glaçons et des écorces de citron. Laissez ensuite couler l'eau froide et démarrez le système. Le bicarbonate de soude dilué dans l'eau chaude peut aussi désodoriser le broyeur.

Buée dans la salle de bains

S'il y a trop de buée dans la salle de bains lorsque vous prenez votre bain, faites couler l'eau froide dans la baignoire suivie de l'eau chaude. Le problème est réglé.

Bulbes

Après avoir retiré les bulbes de terre, vous devez les conserver dans un endroit sec et aéré. Évitez les sacs plastifiés. Glissez-les plutôt dans un bas de nylon ou un filet que vous suspendrez dans le garage.

Bulles de savon

Les enfants adorent souffler des bulles de savon. Ajoutez une ou deux gouttes de glycérine au mélange savonneux, et vous verrez des bulles magnifiquement colorées.

Cachemire

N'hésitez pas à laver vos beaux cachemires… Ils embelliront avec le temps.

Dans la machine à laver : il est préférable de les glisser dans une taie d'oreiller avant de les laver à l'eau froide à cycle délicat. Faites sécher le vêtement à plat. Si un léger repassage est nécessaire, utilisez un fer à chaleur moyenne et repassez-les à l'envers.

Lavage à la main : utilisez un savon doux en évitant de tordre et de frotter le vêtement de cachemire. Essorez-le ensuite en le pressant entre deux serviettes éponges. Faites sécher à plat.

Dans les deux cas, il ne faut pas se servir de produit adoucissant. Vérifiez la fiche d'entretien, car certains vêtements demandent un nettoyage à sec, et il est alors préférable d'envoyer ce vêtement chez le teinturier.

Cactus

Pas facile de rempoter un cactus sans que des lamentations retentissent dans toute la maison ! Avant de vous mettre à la tâche, enfilez des gants pour le four, vous éviterez bien des désagréments. Pour nettoyer votre cactus, utilisez une vieille brosse à dents imbibée d'eau chaude. Recouvrez la terre d'une pellicule plastique, cela vous permettra de recueillir les aiguilles qui tombent.

Si, par malheur, quelques petites aiguilles ont réussi à pénétrer votre peau, vous pouvez utiliser du ruban adhésif, une pince à épiler et même de la cire épilatoire pour retirer ces petits dards douloureux. Le truc le plus simple, même s'il vous semble farfelu, est de passer la région affectée dans vos cheveux, sur la nuque, en frottant légèrement. Les épines partent instantanément.

Cadres

Avant d'enfoncer le clou auquel on suspendra le cadre, recouvrez l'endroit où vous clouerez d'un morceau de ruban adhésif. Le plâtre ne s'effritera pas.

Pour suspendre vos cadres, utilisez le fil de pêche, qui est très résistant. Placez aux quatre coins du cadre une boule de ruban gommé ou des petits feutres préencollés. Votre cadre ne risquera pas d'érafler le mur et restera bien en place.

Afin de déterminer l'endroit adéquat pour suspendre un tableau, dessinez le contour du cadre sur une grande feuille de papier et découpez-le. Trouvez l'emplacement idéal en plaçant la feuille ici et là sur le mur. Pour marquer l'endroit où vous devez percer le mur, trouez le papier avec un crayon pointu.

L'idéal serait de travailler en tandem. L'un propose l'image au mur, tandis que l'autre observe et approuve la disposition.

Vitre • Nettoyez la vitre du cadre avec un nettoyant approprié. Laissez sécher et frottez avec de la mie de pain blanc. Elle sera plus claire et se salira moins rapidement.

Cadres dorés

On les nettoie avec de l'eau savonneuse ou vinaigrée. Pour leur redonner leur éclat, mélangez un blanc d'œuf battu avec 5 ml d'eau de Javel. Appliquez délicatement au pinceau. Laissez agir une ou deux minutes avant de bien rincer.

Si un cadre est recouvert de feuille d'or, il vaut mieux en confier le nettoyage à un spécialiste, car un nettoyage domestique risquerait d'user et d'amincir la feuille d'or.

Cafetière

Un entretien régulier conserve tous les types de cafetière propres. Si vous possédez un style plus ancien, type percolateur, placez un morceau de sucre à l'intérieur avant de la ranger. Vous éliminerez toutes les odeurs de renfermé.

Calfeutrage

Profitez d'une belle journée pour vérifier l'étanchéité des portes et des fenêtres.

Surveillez l'état des coupe-froid, qui doivent être changés au moindre signe d'usure.

Les coupe-brise autocollants, qui réduisent les pertes de chaleur, ne doivent pas être appliqués lorsqu'il fait trop froid. Ils n'adhéreront tout simplement pas à la surface.

Réduisez de 35 % les pertes de chaleur en empêchant l'air chaud de s'échapper de la maison et l'air froid d'y pénétrer. Au besoin, placez une pellicule plastique faisant office de contre-fenêtre. Habillez vos fenêtres de stores et de rideaux, les laissant ouverts le jour pour faire entrer le soleil, mais les fermant dès la nuit tombante.

Vérifiez les prises de courant, les joints défectueux, la porte de garage et même la boîte aux lettres intégrée à la porte d'entrée ; utilisez les matériaux appropriés pour en assurer l'étanchéité.

Faites vérifier l'isolation du grenier, de l'entretoit et du sous-sol.

Si votre maison vous semble humide malgré une bonne isolation, profitez des belles journées plus chaudes pour ouvrir quelques fenêtres et aérer la maison.

Canapés

Si le tissu de votre canapé est taché ou tout simplement sali par l'usure, vaporisez les taches de crème à raser. Frottez avec une brosse douce et rincez.

Le nettoyeur pour les vitres en aérosol comme le Windex incolore enlève une foule de taches sur les meubles en tissu. Il suffit de vaporiser le produit, de frotter avec une brosse douce et de rincer ensuite à l'eau claire.

Caoutchouc

On nettoie les vêtements de caoutchouc avec un linge imbibé d'eau vinaigrée. Les taches de toutes sortes disparaîtront et la couleur reprendra son aspect premier. Rincez ensuite les vêtements à l'eau claire et suspendez-les.

Si, à l'usage, un vêtement a perdu sa souplesse, plongez-le dans de l'eau de pluie additionnée d'ammoniaque. Faites sécher à l'extérieur.

Pas facile de couper des bandes de caoutchouc. Utilisez un bon couteau dont vous tremperez la lame à intervalles réguliers dans un peu d'eau.

Carafes

Nettoyez les fonds tachés en y déposant quelques feuilles de thé, mélangées avec du gros sel. Ajoutez un peu d'eau. Agitez vigoureusement.

Le bicarbonate de soude est aussi un excellent produit pour enlever toute trace de calcaire sur le verre.

On peut également enlever les dépôts au fond de la carafe en y déposant des coquilles d'œufs concassées. Ajoutez une pincée de bicarbonate de soude. Agitez et rincez.

On peut nettoyer les vases avec de l'eau vinaigrée, mais il ne faut pas utiliser de vinaigre dans les carafes.

Pour assécher la carafe, façonnez un rouleau avec une feuille de papier de soie et glissez-le dans le fond de la carafe. Laissez-lui le temps d'absorber l'eau, de s'assécher et retirez-le après quelques heures. Le sèche-cheveux sèche rapidement l'intérieur des carafes difficile à atteindre.

Carreaux de céramique

Avant de laver les murs de la salle de bains, remplissez la baignoire d'eau chaude et gardez la porte fermée. La formation de vapeur facilitera grandement le nettoyage.

Mélangez 500 ml de bicarbonate de soude à 125 ml d'eau tiède. Vous pouvez aussi ajouter quelques gouttes d'eau de Javel à cette pâte, spécialement pour enlever les taches noires de moisissure. Appliquez la solution sur les carreaux et frottez avec une petite brosse. Rincez à l'eau froide.

Un simple nettoyage avec un mélange constitué d'une partie de vinaigre et de deux parties d'eau, versé dans une bouteille avec vaporisateur, nettoie les carreaux de céramique. Utilisez un vieux bas de nylon en guise de chiffon.

Cartes à jouer

À force de les brasser et de les distribuer, vos cartes ont pris un sale coup! Détachez-les avec une demi-pomme de terre ou un chiffon imbibé de lait froid que vous passez délicatement sur les cartes. Puis, essuyez-les avec un chiffon de coton propre. Vous pouvez aussi

nettoyer les cartes en les saupoudrant de talc, qui absorbera les taches. Les cartes glisseront mieux.

Cartons de lait

Les cartons de lait bien lavés peuvent servir à la congélation des petits poissons des chenaux. Glissez les poissons dans la boîte, remplissez-la d'eau, fermez-la bien et congelez le tout. Au moment de la décongélation, conservez l'eau pour arroser vos plantes vertes ; il s'agit d'un excellent engrais à peu de frais.

Casquettes de sport

Lavez vos casquettes au lave-vaisselle. Coincez-les bien dans le plateau supérieur. Elles redeviendront bien propres.

Casseroles brûlées

Si la nourriture collée a laissé une croûte noircie au fond de la casserole, couvrez le tout d'eau, déposez une feuille d'assouplissant textile et laissez reposer toute la nuit. Vous n'aurez aucune difficulté à déloger les résidus de nourriture le lendemain. Après un bon nettoyage, frottez la casserole avec un essuie-tout imbibé d'huile végétale.

On peut recouvrir le fond de la casserole de sel ou de savon destiné au lave-vaisselle dilué dans un peu d'eau bouillante. Dans les deux cas, laissez le produit agir quelques heures ou toute la nuit. Au matin, placez la casserole sur le feu, amenez à ébullition, retirez la casserole du feu. Les particules se détacheront facilement.

Récupérez votre vieille carte d'assurance-maladie ou une vieille carte de crédit échue ; elle servira de grattoir pour les casseroles et poêlons. Surprenant ! Mais super-efficace.

Le vinaigre se révèle aussi un détachant efficace. Couvrez le fond de la casserole brûlée et attendez une douzaine d'heures. La croûte carbonisée se détachera facilement.

L'ABC DES TRUCS

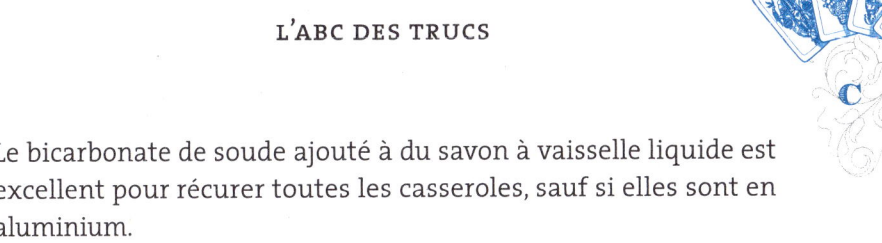

Le bicarbonate de soude ajouté à du savon à vaisselle liquide est excellent pour récurer toutes les casseroles, sauf si elles sont en aluminium.

Les dépôts calcaires disparaissent en faisant bouillir pendant une heure de l'eau dans laquelle vous ajouterez des pelures de pomme de terre. Jetez l'eau et rincez à l'eau froide.

Les cernes bleuâtres dans les casseroles en acier inoxydable disparaîtront en les lavant avec un peu de vinaigre. Frottez et rincez.

Si les casseroles ont pris une teinte foncée à l'usage, attribuable à la chaleur, faites-les tremper dans une solution de borax et d'eau.

Les casseroles en émail qui ont jauni retrouveront leur éclat si vous les remplissez d'eau bouillante additionnée de quelques cuillerées d'eau de Javel. Rincez à fond. Elles retrouvent aussi leur lustre si vous les plongez dans une infusion de thé.

Odeurs • Pour enlever toute odeur dans une casserole, donnez-lui un bain additionné de bicarbonate de soude.

Il est préférable d'utiliser toujours le même poêlon pour la cuisson du poisson, mais si vous désirez vous débarrasser de cette odeur, frottez énergiquement le poêlon avec du marc de café.

Cèdre

Les planchers de cèdre à l'extérieur de la maison ont tendance à noircir. Nettoyez-les avec le mélange suivant : 250 ml d'eau de Javel, 60 ml de savon à vaisselle liquide, 1 litre d'eau. Brossez ensuite le bois pour lui redonner son apparence initiale.

Cendres du foyer

Excellent apport à la terre du jardin, les cendres favorisent aussi la floraison des pivoines.

Lorsque vous nettoyez votre foyer, parsemez les cendres de feuilles de thé humides. Vous éviterez un nuage de poussière et votre engrais sera enrichi par les feuilles de thé.

Céramique

Les carreaux de céramique reluisent si vous les polissez avec de l'huile de citron et ils ne resteront pas tachés par les gouttelettes d'eau. N'utilisez pas d'abrasif, qui pourrait égratigner le fini.

Pour enlever les taches noires entre les carreaux de céramique dans la salle de bains, utilisez une brosse à dents et un mélange de bicarbonate de soude et d'eau de Javel.

Chaîne et chaînette en or

Vous pouvez facilement retirer un nœud dans une chaîne en la recouvrant généreusement de talc. Ce sera un jeu d'enfant de défaire le nœud.

Pas toujours facile d'attacher une chaînette à son poignet soi-même. Fixez l'une des extrémités au poignet avec une bande de ruban adhésif, l'autre la rejoindra aisément.

Chaise haute

L'entretien des chaises hautes modernes est des plus simples. On les nettoie avec un linge trempé dans l'eau, au besoin additionnée de quelques gouttes de savon à vaisselle. Vous pouvez désinfecter une chaise haute avec de l'eau additionnée de bicarbonate de soude ou une solution d'eau et de javellisant (1 partie d'eau de Javel pour 10 parties d'eau). Lavez la chaise et laissez agir une minute, ensuite rincez à l'eau claire. Le plateau qui se couvre d'aliments agglomérés est souvent lavable au lave-vaisselle.

Chandeliers

Délogez la cire fondue en plaçant les chandeliers au congélateur une trentaine de minutes. La cire durcie sera facile à enlever.

Si la cire est difficile à déloger dans les moulures ou d'autres endroits peu accessibles, n'utilisez surtout pas la pointe d'un couteau, qui pourrait rayer le chandelier. Faites fondre la cire à l'aide d'un séchoir à cheveux, puis enlevez la cire amollie avec un essuie-tout.

Chapeau de feutre

On peut redonner forme à un chapeau de feutre en le suspendant au-dessus de la bouilloire ou d'une casserole remplie d'eau bouillante. Placez ensuite le chapeau humide sur une forme (bol, forme à perruque, saladier…) et laissez-le sécher.

Un bon brossage régulier dans le sens du poil déloge la poussière et permet de conserver un chapeau propre beaucoup plus longtemps.

Chapeau de paille

Nettoyez un chapeau de paille de couleur claire en le frottant avec du jus de citron dilué dans la même proportion d'eau.

Chat

Si le chat a pris l'habitude de monter sur certains meubles et que vous désirez corriger cette mauvaise habitude, couvrez le fauteuil d'une feuille de papier d'aluminium durant quelques jours. Le bruit désagréable à ses oreilles l'incitera à descendre du fauteuil très rapidement. Le chat ne grimpera pas aux fils de téléphone ou électriques si vous passez un linge imbibé de vinaigre sur lesdits fils.

Si le chat a pris l'habitude de gratter la terre autour d'une plante pour y faire ses besoins, couvrez la terre de petites roches pendant un certain temps. Il s'en désintéressera rapidement.

L'essence de girofle badigeonnée sur les pattes de meubles ou sur les boiseries que votre chat affectionne particulièrement l'empêchera d'y faire ses griffes.

L'ABC DES TRUCS DE MADAME CHASSE-TACHES

Votre chat s'habituera à être propre si vous versez quelques gouttes d'eau de Javel dans sa litière, car il adore cette odeur. La litière doit être nettoyée chaque jour, car une litière sale incite l'animal à faire ses besoins ailleurs dans la maison.

Chaufferette électrique

Un bon époussetage du boîtier avec un linge humide suffit. Pour enlever la poussière qui pourrait s'accumuler sur la grille, utilisez l'aspirateur ou un sèche-cheveux.

Chaussures

Si l'intérieur de vos chaussures tache vos bas ou vos chaussettes, vaporisez l'intérieur des chaussures avec du fixatif à cheveux avant de les porter.

Les chaussures en cuir brun se nettoient avec une tranche de citron ou d'orange avant d'y passer le cirage habituel. Vous pouvez aussi les frotter avec l'intérieur d'une peau de banane. Laissez sécher les chaussures sans les lustrer.

Les égratignures disparaissent si vous les frottez avec un peu de blanc d'œuf. Laissez sécher les chaussures avant de les cirer.

Après l'application du cirage, rien de mieux qu'un vieux bas de laine pour lustrer les chaussures.

Chaussures blanches

Avant d'appliquer du cirage blanc liquide sur les chaussures, passez une demi-pomme de terre crue sur le cuir. Votre cirage durera plus longtemps.

L'alcool à friction fait disparaître les taches de verdure, tandis que le dissolvant de vernis à ongles enlève les taches de goudron et de graisse.

Une simple gomme à effacer retirera les marques sur les talons.

Chaussures de cuir verni

On nettoie les sacs et chaussures en cuir verni avec un chiffon imbibé de lait écrémé tiède. Essuyez ensuite avec un chiffon sec.

Chaussures de satin

On rafraîchit les souliers de satin avec un reste de café noir. Frottez et laissez sécher.

Chaussures de sport

Ah ! cette vilaine odeur que dégage ce type de chaussure durant la saison chaude... Plus besoin de pince-nez. Tous les soirs, saupoudrez l'intérieur des chaussures de deux ou trois cuillerées de bicarbonate de soude, ou formez de petits sachets constitués d'un papier-mouchoir rempli de la même quantité de bicarbonate et glissez-en un dans chaque soulier. Rangez les chaussures dans un sac plastifié que vous refermez pour la nuit. Au petit matin, repartez à neuf avec des souliers complètement désodorisés.

Vaporisez l'intérieur de vos chaussures de sport avec de l'empois. Laissez sécher une nuit avant de les porter. L'empois gardera l'intérieur propre et évitera qu'elles absorbent les mauvaises odeurs.

Chaussures de toile

Pour nettoyer vos chaussures de toile salies par une journée de jardinage ou une randonnée à bicyclette sous la pluie, placez-les dans une vieille taie d'oreiller et glissez le tout dans la laveuse. Les chaussures seront bien lavées sans être endommagées.

Chaussures détrempées

Vous êtes surpris par la pluie, et voilà vos chaussures de daim ou de suède tachées par l'eau ! Laissez sécher les chaussures loin de toute source de chaleur, puis saupoudrez-les de talc. Laissez agir de six à huit heures avant de les brosser avec une brosse rigide, conçue pour les vêtements de suède. Répétez l'opération au besoin.

Éliminez l'humidité de chaussures et bottes détrempées en les bourrant de papier journal afin qu'elles ne soient pas déformées. Laissez-les reposer loin de toute source de chaleur.

On imperméabilise les chaussures en les frottant avec de l'huile de lin.

Pour garder les pieds bien au chaud en hiver, découpez une semelle dans du feutre et glissez-la dans les chaussures ou les bottes.

Chaussures et bottines pour enfants

Pour un cirage résistant, après l'application de la cire, frottez les chaussures avec une boule de papier ciré.

Par contre, si bébé a tendance à toujours porter ses chaussures à sa bouche, évitez le cirage un certain temps et polissez les chaussures avec du lait.

Chaussures trop justes

Déposez dans chacune des chaussures une pomme de terre crue et pelée, puis bourrez-les de papier journal. L'humidité dégagée par la pomme de terre permettra de les élargir.

Voici un truc bizarre, mais qui fonctionne. Remplissez d'eau un sac plastifié refermable. Glissez-le dans la chaussure. Le sac doit bien remplir la chaussure.

Déposez vos chaussures au congélateur pendant 24 heures. Sortez-les du congélateur. Lorsque la glace aura fondu, retirez le sac ; vous verrez que vos chaussures auront été agrandies par l'expansion du sac.

Vous pouvez aussi tenir les souliers trop étroits au-dessus de la vapeur plusieurs minutes, puis les enfiler immédiatement avec des chaussettes un peu plus épaisses. Répétez l'opération à plusieurs reprises. De quoi ravir toutes les cendrillons de la Terre !

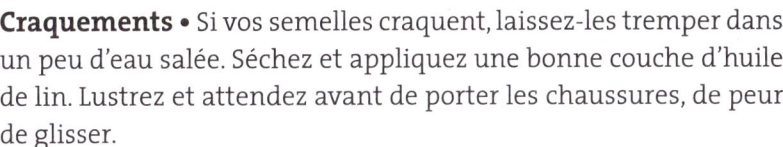

Craquements • Si vos semelles craquent, laissez-les tremper dans un peu d'eau salée. Séchez et appliquez une bonne couche d'huile de lin. Lustrez et attendez avant de porter les chaussures, de peur de glisser.

Vous pouvez aussi saupoudrer la semelle des souliers avec du talc.

Rotation des chaussures • Saviez-vous que la chaleur de vos pieds dégage assez d'eau et d'humidité pour déformer et user rapidement vos souliers? Faites la rotation de vos chaussures et vous en prolongerez ainsi la durée de vie. La solution idéale est de laisser reposer les souliers deux jours après les avoir portés. Ce laps de temps leur permettra de s'assécher en profondeur et de reprendre leur forme initiale.

Donc, pour assurer une utilisation maximale des chaussures que vous portez toute la journée, vous devez en posséder trois paires afin de pouvoir effectuer une rotation.

Chemise

Nettoyage du col et des poignets (voir **cernes,** page 216)

Repassage • Pour un résultat impeccable, procédez dans l'ordre suivant:

- commencez par le col, en travaillant à partir des pointes vers le centre. Répétez cette opération pour les poignets;
- ensuite, repassez les épaules et tout l'empiècement du haut du vêtement;
- pour les manches, il suffit de mettre la couture bien à plat et de lisser les deux côtés en même temps pour obtenir un pli droit. Si vous n'aimez pas le pli sur la manche, vous devez utiliser une jeannette. Cet accessoire très pratique permet un résultat sans faux plis;
- pour le corps de la chemise, commencez par le dos, puis le devant, et terminez par la bande qui reçoit les boutons.

L'ABC DES TRUCS DE MADAME CHASSE-TACHES

Chien mouillé (ODEUR)

Après les promenades de santé, si vous trouvez que votre chien dégage une odeur désagréable, saupoudrez-le de bicarbonate de soude. Laissez agir une dizaine de minutes avant de brosser minutieusement votre chien.

Chiffon antistatique

Ils sont merveilleux pour ramasser la poussière et les cheveux, et pour un petit époussetage quotidien. Par contre, si le plancher est recouvert de saletés et de miettes de nourriture, vous devrez sortir le balai ou l'aspirateur.

Chrome

Nettoyez les bases des tables et étagères en chrome avec un produit contenant de l'ammoniaque.

Le Club Soda nettoie aussi adéquatement les surfaces en chrome.

Après un bon lavage à l'eau chaude savonneuse, polissez les ustensiles de cuisine en chrome avec une peau de chamois.

Ciment

Pour nettoyer, saupoudrez les taches de graisse sur le ciment ou le béton avec du détergent pour lave-vaisselle.

Vous pouvez aussi vous débarrasser des taches maculant le ciment ou l'entrée du garage en les recouvrant de bicarbonate de soude. Laissez agir toute la nuit avant de balayer et de rincer.

Vous pouvez également enlever les taches d'huile en les saupoudrant de litière pour chats. Laissez reposer avant de brosser. Si les taches sont trop tenaces, procurez-vous de l'alcool minéral. Imbibez les taches d'alcool et recouvrez-les de papier journal. Attendez quelques heures, puis lavez le plancher avec un bon détergent.

L'ABC DES TRUCS

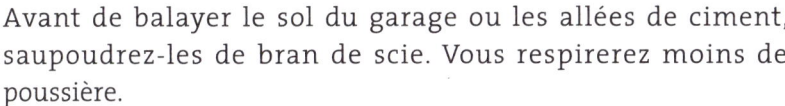

Avant de balayer le sol du garage ou les allées de ciment, saupoudrez-les de bran de scie. Vous respirerez moins de poussière.

Il est facile d'améliorer l'apparence d'un trottoir taché tant par les intempéries que par les traces noires de pneus : lavez les parties souillées avec une solution d'acide muriatique et d'eau (1 part d'acide pour 5 parts d'eau). Prenez bien soin de porter des gants pour protéger votre peau durant le nettoyage. Brossez vigoureusement les taches et laissez le produit agir quelques minutes. Rincez abondamment. Au besoin, répétez l'opération jusqu'à ce que le trottoir soit bien propre.

Une tache de graisse fraîche peut être éliminée sur le béton si vous la saupoudrez de ciment sec. Quelques heures devraient suffire à absorber le gras. Il ne vous reste qu'à balayer le plancher.

Cintres

Si vous retrouvez vos fringues sur le sol de la garde-robe, c'est qu'elles ont glissé du cintre et les voilà toutes froissées ! Enroulez tout simplement une bande élastique à chaque extrémité des cintres pour tenir les vêtements bien en place.

Vous pouvez aussi recouvrir les deux extrémités du cintre avec une petite pièce de feutre. Les vêtements resteront bien en place.

Cirage à chaussures

Si votre cirage a durci et est devenu inutilisable, vous pouvez le passer quelques secondes au four à micro-ondes pour le ramollir. Ajoutez une goutte ou deux de vinaigre et bien mélangez le cirage, que vous pourrez de nouveau utiliser.

Cire liquide

Pas toujours facile de cirer les meubles, spécialement les antiquités aux pattes sculptées. Utilisez de la cire liquide et un pinceau pour

atteindre les endroits inaccessibles, et votre travail sera terminé beaucoup plus rapidement.

Ciseaux

Si vos ciseaux coupent mal et ont besoin d'être affûtés, pliez en quatre une feuille de papier d'aluminium. Coupez-la avec les ciseaux pendant une minute. Un papier émeri peut aussi aiguiser les ciseaux.

Pour nettoyer et rendre brillants des ciseaux, frottez-les avec du dissolvant pour vernis à ongles. On ne lave pas les ciseaux au lave-vaisselle.

Les ciseaux que vous utilisez pour la couture doivent être réservés à cet usage et ne doivent surtout pas couper du papier ou du carton. Pour les affûter, on utilise une bouteille de verre. Pendant une ou deux minutes, on répète le geste de couper le goulot de la bouteille avec les ciseaux.

Clé

Pas facile de déloger une clé qui casse dans la serrure... Tentez de la retirer en utilisant une petite lame de scie à chantourner, que vous glissez au-dessus. Vous pourrez ainsi agripper les dents de la clé avec celles de la lame.

Vous restaurerez de vieilles clés ou des antiquités de fer qui ont rouillé en les faisant tremper 24 heures dans un bain composé d'un tiers de pétrole et de deux tiers d'huile à salade.

Clous

Si vous avez tendance à frapper davantage vos doigts que le clou que vous essayez d'enfoncer, plantez le clou dans un morceau de carton que vous tiendrez. Vos doigts seront en sécurité et vous n'aurez ensuite qu'à retirer le carton.

Si vous vous sentez encombré, le marteau dans une main et les clous dans l'autre, enroulez un élastique autour du manche de l'outil

et glissez-y les petits clous, que vous pourrez ainsi récupérer au moment voulu.

Si vous craignez que la peinture s'écaille autour du clou que vous enfoncez, posez un morceau de ruban adhésif sur le mur ; enlevez-le dès que le clou est bien planté.

Dans un mur de plâtre, un petit clou ne tient pas toujours bien en place. Trempez le clou dans du vinaigre. La rouille qui se formera au fil des jours solidifiera le tout dans le mur.

Pour faire tenir un clou dans le plâtre, on peut aussi faire tremper le clou dans de l'eau très chaude avant de l'enfoncer. Si vous devez suspendre un poids plus lourd au mur, utilisez un détecteur de montants pour trouver un ancrage solide. Pour fixer un clou dans du bois dur sans qu'il fende, passez-le dans vos cheveux : le gras naturel des cheveux lubrifie le clou, et il s'enfoncera facilement.

Clous de tapissier

Il arrive souvent que les clous de tapissier qui garnissent certains sièges et dossiers de chaises ternissent avec le temps. Avant de les nettoyer, pensez à coller une bande de papier adhésif autour des clous afin de ne pas endommager le tissu ou le cuir. Vous pouvez ensuite les nettoyer avec un chiffon humecté de vinaigre chaud et saupoudré de sel. Vous pouvez aussi utiliser une brosse à dents pour effectuer ce travail tout en protégeant bien le contour des clous.

Coccinelles

Depuis quelques années, elles sont nombreuses à envahir nos maisons l'automne, car elles se fraient un chemin en vue de passer l'hiver bien au chaud. Pour empêcher une invasion massive, calfeutrez les fenêtres et les portes : vérifiez s'il y a des trous dans les moustiquaires et réparez-les.

Posez des moustiquaires devant les évents et autres types d'ouvertures permettant la circulation d'air.

Utilisez un aspirateur pour attraper les coccinelles. N'oubliez pas de jeter le sac de l'aspirateur, sinon ces petites bêtes reviendront en force et vous devrez alors faire appel à une entreprise d'extermination.

Coffre à outils

Quelques boules antimites, un morceau de craie ou de charbon de bois placés dans le coffre à outils empêcheront ceux-ci de rouiller.

Coffre en cèdre

Ranger les vêtements dans un coffre ou une armoire en cèdre est l'idéal tant pour l'odeur que pour la température. Si vous trouvez que le bois ne dégage plus la bonne odeur d'antan, poncez-le légèrement avec un papier émeri très fin.

Colle à bricolage

Si vous manquez de colle pour les travaux des enfants, utilisez un blanc d'œuf ou un mélange de tapioca instantané et d'eau.

On peut fabriquer de la colle rapidement en mélangeant farine et vinaigre, mais cette colle ne se conservera pas longtemps.

Colle blanche

Vous vous apprêtez à jeter à la poubelle la colle blanche qui a pris une consistance épaisse, car vous la croyez inutilisable ? Ajoutez-y plutôt une petite quantité de vinaigre, puis agitez vigoureusement. La colle redeviendra fluide, et vous pourrez vous en servir à nouveau. Si vous en renversez sur vos vêtements, frottez les taches avec du vinaigre blanc, elles disparaîtront.

Si vous devez remiser un restant de colle dans un pot de verre, entourez le filetage du contenant avec un ruban téflon avant de visser le couvercle. Le bocal hermétique empêchera le produit de s'altérer, et le couvercle étanche s'ouvrira facilement lorsque vous en aurez besoin.

L'ABC DES TRUCS

Colles cuites

Les deux recettes de colle suivantes se conservent bien au réfrigérateur dans un contenant hermétique.

- Faites dissoudre 160 ml de sel et 15 ml d'alun dans 500 ml d'eau bouillante.
- Tamisez 250 ml de farine et 125 ml de fécule de maïs que vous délayez dans un peu d'eau tiède.
- Ajoutez le tout à l'eau bouillante et laissez cuire quelques minutes jusqu'à transparence.
- On peut aromatiser la colle avec une essence de son choix ou quelques gouttes de thé des bois. Cette colle est pratique pour la majorité des papiers.

- Mélangez de l'eau à 125 ml de farine jusqu'à ce que le mélange ait une consistance de crème.
- Laissez mijoter 5 minutes en remuant au fouet.
- Vous pouvez ajouter quelques gouttes de colorant et une essence de votre choix pour donner une coloration et une odeur agréables. Cette colle résistante peut servir pour les cartons, tissus et papiers.

Commode

Si vous découvrez des taches d'origine inconnue sur vos vêtements qui sont rangés dans un tiroir, c'est que le taux d'humidité dans votre maison est peut-être élevé. Tapissez les tiroirs de votre commode de papier de soie ou de papier adhésif. C'est peut-être le bois qui tache vos vêtements.

Surtout, ne rangez pas de vêtements encore humides dans vos tiroirs. En plus de développer des moisissures, l'odeur de renfermé sera difficile à éliminer.

L'ABC DES TRUCS DE MADAME CHASSE-TACHES

Compresse (voir sac à glace)

Comptoir de cuisine

Si vous remarquez qu'une partie d'un comptoir a bombé, c'est tout simplement que vous avez dû y déposer un plat très chaud. Corrigez la situation en chauffant la surface du comptoir recouverte d'un papier essuie-tout avec le fer à repasser réglé à « synthétique ». Appuyez sur la bosse. Le comptoir devrait reprendre sa position initiale. Déposez un gros livre ou un poêlon assez lourd à l'endroit que vous venez de recoller. Le problème devrait être réglé en une heure.

On fait disparaître la pellicule blanchâtre qui se forme avec le temps sur les comptoirs en stratifié en les frottant avec une éponge imbibée de vinaigre.

Congélateur

Pour dégeler le congélateur, débranchez l'appareil et rangez les aliments dans une glacière portative. Si le temps presse, utilisez un sèche-cheveux pour faire fondre la glace plus rapidement. Attention de ne pas briser la glace avec un couteau ou un objet pointu. Vous pourriez endommager le congélateur. Asséchez complètement le congélateur avec des serviettes en tissu éponge avant d'y replacer les aliments.

Après un bon nettoyage du congélateur, déposez une boîte de bicarbonate de soude qui éliminera les odeurs. Vous devez changer la boîte tous les trois mois.

Un congélateur à moitié rempli consomme plus d'énergie que s'il était plein de victuailles. Pour remédier à la situation, il suffit de remplir des contenants plastifiés d'eau que vous déposez au congélateur et qui meubleront l'espace vide.

Au retour des vacances, vous constatez qu'il y a eu une panne d'électricité au cours de votre absence. Comment savoir si les aliments dans le congélateur ont été endommagés ? La prochaine fois, suivez

cette procédure : avant de partir, déposez dans le congélateur un sac refermable contenant des cubes de glace. Si, à votre retour, vous constatez que les cubes ont perdu leur forme, cela signifie que la panne a été suffisamment longue pour endommager les aliments, qui sont devenus dangereux pour votre santé.

Contenants plastifiés

Congélation • Si vous avez l'habitude de réutiliser différents contenants de margarine, crème glacée, etc., pour la congélation, la prudence s'impose. Ces récipients peuvent servir à la congélation d'aliments pendant quelques semaines seulement. Vérifiez s'ils se ferment hermétiquement, sinon couvrez l'ouverture d'une pellicule plastique avant de déposer le couvercle.

Four à micro-ondes • Pour la cuisson au four à micro-ondes, il vaut mieux utiliser des contenants destinés à cet effet. Un matériau non approprié peut dégager des substances toxiques nuisibles pour la santé.

Nettoyage • Si les contenants sont tachés de rouge à cause de la sauce tomate, donnez-leur une cure de jeunesse en les lavant dans l'eau savonneuse. Rincez-les et déposez-les au soleil. Pour éviter ce problème, vaporisez-les avec une huile en aérosol avant d'y verser la sauce tomate. Ils ne tacheront pas.

Si un contenant reste gras après utilisation, frottez-le avec du marc de café.

On fait disparaître les mauvaises odeurs en lavant les récipients avec de l'eau chaude additionnée de bicarbonate de soude.

Coquerelles

Dès l'apparition de coquerelles dans votre environnement, il faut laver à fond en essuyant les plinthes et les planchers, sous les tapis et les meubles, derrière tous les appareils ménagers et à l'intérieur des armoires. Rangez toute la nourriture dans les armoires et faites la chasse aux miettes sur le plancher. L'aspirateur devra être passé tous les jours.

Vous devrez ensuite boucher toutes les ouvertures, aussi minimes qu'elles soient, avec un produit de calfeutrage à mousse ou à la silicone. Vérifiez les murs, plafonds, planchers, plomberie. Inspectez les sacs d'aliments secs et de graines pour oiseaux entreposés dans la maison. Au besoin, placez ces sacs au congélateur quelques jours afin d'éliminer les indésirables.

Déposez de petits amoncellements de borax domestique en poudre (2 ml) dans des endroits secs, sous les meubles et le réfrigérateur, hors de la portée des enfants et des animaux. Des produits efficaces sont aussi en vente dans les magasins spécialisés, surtout si l'invasion de coquerelles est massive.

Les résultats ne sont pas immédiats, puisqu'il faut détruire tant les coquerelles que les œufs. Il faut compter deux semaines avant de voir un bon résultat.

Il faudra donc être vigilant pendant cette période, puisque l'utilisation de pesticides demande certaines précautions et que le produit doit rester actif quelques semaines.

Corail

Les bijoux en corail se nettoient dans l'eau tiède additionnée d'une pincée de bicarbonate de soude.

Corde à linge

Si la corde à linge requiert un bon nettoyage, passez un chiffon imbibé de savon à vaisselle sur toute sa longueur lorsqu'on prévoit une journée de pluie. Le rinçage viendra directement du ciel.

La corde à linge idéale aura une partie au soleil et une autre à l'ombre, ce qui conviendra à tous les types de vêtements : les tissus blancs au soleil et les vêtements colorés à l'ombre.

Sur la corde à linge

- Les pantalons sont suspendus par la taille.
- Les jupes doivent être suspendues par la taille. Pour maintenir en place les plis d'une jupe, fixez une épingle à linge dans le bas de chacun des plis. Les fermetures éclair doivent être fermées.
- Les chandails et les t-shirts doivent être suspendus par l'ourlet pour éviter qu'il y ait des marques d'épingles près de l'épaule.
- Vous pouvez aussi passer un vieux collant dans les manches de votre chandail et fixer les deux pieds du collant avec des épingles à linge sur votre corde. Votre pull séchera sans être marqué par les épingles à linge.
- Les chaussettes et les petits articles peuvent être suspendus à un cintre avant d'être accrochés sur la corde à linge. Vous gagnerez de l'espace.
- Pour que les rideaux et les nappes ne s'enroulent pas autour de la corde à linge, fixez quelques épingles à linge dans le bas pour alourdir le tissu. Le même truc est efficace pour empêcher les collants et les bas de s'emmêler.

Pour éviter le repassage, placez les vêtements 10 minutes dans la sécheuse avec une serviette de bain humide avant de les suspendre à l'extérieur.

Coton blanc

Il suffit de visiter les îles du Sud pour être impressionné par l'éclat des vêtements de coton blanc des habitants de la région. Le secret : jus de citron et soleil.

Quelques pelures de citron glissées dans un filet dans la laveuse suffisent pour garantir une lessive bien blanche. Profitez du beau temps pour faire sécher à l'extérieur, au soleil, tous les vêtements blancs.

Les coquilles d'œufs aussi font blanchir le coton blanc. Enfermez les coquilles vides lavées, écrasées dans un linge noué ou une

mousseline. Ajoutez ce petit baluchon à votre brassée et vous obtiendrez des vêtements blancs éclatants.

Couette

Profitez d'une belle journée pour aérer votre couette à l'extérieur. Pour lui redonner du volume, il suffit de la glisser dans la sécheuse en réglant le cycle de température à air frais.

Avant de laver la couette, vérifiez la capacité de votre laveuse ; elle est sans doute trop petite pour accueillir une couette de lit double. Il est donc préférable de vous rendre à la buanderie du coin ou d'utiliser une lessiveuse à grande capacité.

Inspectez toutefois la couette au préalable et réparez toute déchirure ou tout accroc.

Vous pouvez laver une couette dans la baignoire, dans de l'eau tiède savonneuse. Laissez-la tremper quelques heures en l'agitant régulièrement avec les mains. Rincez à fond. Enlevez le surplus d'eau et essorez la couette quelques minutes seulement dans la laveuse. Si le lavage n'est pas recommandé par le fabricant, il vaut mieux confier la tâche du nettoyage à des professionnels.

Après avoir lavé la couette ou le couvre-lit, glissez-le dans la sécheuse avec quelques serviettes éponges. Elles écourteront le temps de séchage et élimineront le repassage.

Vous pouvez aussi glisser trois ou quatre balles de tennis dans la sécheuse. Leur remue-ménage permettra la répartition égale du duvet.

Si le temps le permet, suspendez la couette à l'extérieur. Retournez-la et tapotez-la souvent afin que le duvet ne se tasse pas dans un coin.

Si quelques plumes s'échappent de l'enveloppe de la couette, rentrez-les au lieu de les enlever. Fermez le trou en le pressant entre vos doigts.

Si vous manquez d'espace de rangement pour la couette, glissez-la tout simplement entre le sommier et le matelas : vous aurez la tête

un peu plus dans les nuages durant la saison chaude, mais la couette ne traînera pas sur la commode.

Couloir

Pas facile de décorer un long couloir où les portes sont rapprochées. Faites-les disparaître en peignant murs, portes, moulures de la même couleur. Il est préférable d'attirer l'attention sur le fond du couloir avec quelques accessoires, afin de détourner l'attention des nombreuses portes.

Coupure de journal

Conservez plusieurs années une coupure de journal en vaporisant légèrement le papier avec du fixatif à cheveux, ce qui lui donnera un fini lustré.

Coussins

Rajeunissez les coussins de votre ensemble de patio en rotin en recouvrant le siège d'un drap-housse de lit jumeau et en glissant les coussins plus petits dans des taies d'oreiller.

Lorsqu'on veut nettoyer des coussins bourrés de duvet, il ne faut surtout pas utiliser l'aspirateur, car ils pourraient s'affaisser très rapidement. Utilisez plutôt une brosse à poils souples pour enlever la poussière en repoussant vers l'intérieur toutes les petites pointes des plumeaux de duvet. Il n'est pas recommandé de laver ce type de coussins. Utilisez une mousse nettoyante pour tapis ou tissus. Suivez le mode d'emploi et, après le nettoyage, épongez avec un linge humide seulement.

Couteaux

S'il vous reste un peu de vin rouge, faites-le chauffer et trempez-y les lames de couteaux tachées de cernes d'humidité. Ceux-ci disparaîtront en un clin d'œil !

Le sucre en poudre enlève aussi les taches de rouille. Il suffit de bien mouiller la lame ou de la passer à travers un oignon cru et de la saupoudrer de sucre en poudre. Frottez énergiquement.

Craquements

Il n'est pas toujours facile d'huiler un endroit peu accessible que le jet de l'aérosol n'atteint pas et dont le bruit vous fait grincer des dents. À l'aide d'une paille, aspirez de l'huile de cuisine ou l'huile nécessaire à vos travaux et bouchez l'orifice du haut avec un doigt. Dirigez la paille vers l'endroit que vous désirez huiler et retirez votre doigt un court instant : une goutte va tomber. Si vous rebouchez la paille, l'huile arrêtera de couler. Vous pouvez ainsi doser la quantité nécessaire pour régler le problème.

Cravate

Si votre cravate a été traitée avec un produit contre les taches, vous n'avez qu'à tamponner la tache avec une serviette imbibée d'eau minérale. Elle devrait disparaître assez rapidement.

Pour un nettoyage à la maison, posez la cravate à plat et enlevez la tache avec un produit nettoyant contenant de l'ammoniaque.

Lorsque la tache a bien disparu, ne repassez pas la cravate, mais passez seulement le jet du fer à vapeur au-dessus. Vous pouvez aussi humecter légèrement l'envers et enrouler la cravate autour d'une bouteille remplie d'eau très chaude. Laissez la cravate autour de la bouteille quelques minutes afin de lui redonner bonne forme.

Crayons à maquillage

Avant de les tailler, déposez les crayons à maquillage dans le frigo toute une nuit ou au congélateur une vingtaine de minutes. Ils seront faciles à aiguiser, et la mine ne cassera pas.

Cristal

Ne mettez jamais les objets de cristal au lave-vaisselle. Quelques minutes suffisent pour les laver à la main dans l'eau savonneuse tiède. N'utilisez aucun produit abrasif ni aucun tampon à récurer, car ils pourraient rayer le cristal.

Pour redonner de l'éclat au cristal, on le rince avec de l'eau froide additionnée de quelques gouttes de vinaigre. Si vous préférez, vous pouvez ajouter au détergent une pincée de bleu à lessive ou quelques gouttes d'ammoniaque. On l'essuie ensuite avec un linge propre ne laissant pas de charpie. L'idéal est d'utiliser un linge en lin.

Les rayons de soleil directs ou trop forts peuvent altérer la couleur du cristal.

Si le cristal a perdu son éclat, remplissez le récipient de pommes de terre et ajoutez de l'eau. Laissez macérer le tout quatre jours, puis rincez le vase.

Les taches rebelles sur le cristal disparaissent si vous les frottez avec un chiffon imbibé d'essence de térébenthine.

On peut faire disparaître les petites éraflures sur le cristal en les frottant avec de la pâte dentifrice légèrement abrasive.

Lorsque vous utilisez un vase de cristal pour y mettre un bouquet de fleurs, vous devez changer l'eau chaque jour. De plus, il est conseillé de couper les feuilles, car, lorsqu'elles se décomposent, elles colorent rapidement le cristal.

Cuir

Si le cuir de votre vieux divan vous semble terne, frottez-le avec un chiffon doux trempé au préalable dans un blanc d'œuf battu.

Pour enlever les taches de stylo et d'encre sur un meuble en cuir, on les brosse avec du lait écrémé.

Un chiffon imbibé d'alcool à friction ou de fixatif à cheveux fait aussi disparaître les marques de stylo. Il est toujours préférable de faire un essai sur une partie non visible pour vérifier si les produits nettoyants n'altèrent pas la couleur du cuir.

Le jus de citron enlève les taches de jus de fruits.

L'essence de térébenthine enlève les taches d'eau.

Les magasins spécialisés vendent des crèmes pour raviver le cuir.

Un bon nettoyage avec un lait démaquillant et un bon lustrage avec un chiffon de flanelle redonneront de l'éclat aux sièges en cuir.

On enlève une tache graisseuse sur le cuir en la saupoudrant de farine blanche ou de fécule de maïs. Il ne faut surtout pas nettoyer la tache avec de l'eau. Enlevez l'excédent de poudre après quelques heures. Normalement, la tache devrait être grandement atténuée. En tamponnant la tache avec un linge imbibé d'essence de térébenthine, il y a de bonnes chances qu'elle disparaisse complètement.

Si après un nettoyage ou une exposition à la chaleur, le cuir semble desséché, frottez la partie affectée avec de la glycérine ou de la gelée de pétrole Vaseline.

Cuisinière

Les grilles du four redeviendront bien propres en les immergeant dans l'eau chaude additionnée d'ammoniaque. Certaines grilles peuvent aussi être nettoyées dans le lave-vaisselle.

Quelles vilaines surprises se cachent derrière la cuisinière lorsque nous la retirons pour un ménage un peu plus approfondi ! Après avoir bien nettoyé le mur et le côté des comptoirs de cuisine qui l'entourent, appliquez sur ces surfaces une bonne couche de cire pour meubles. Au prochain nettoyage, les taches de graisse disparaîtront facilement avec un simple essuie-tout, car la cire les aura empêchées de coller aux murs.

Cuivre

Les casseroles en cuivre se nettoient avec du dentifrice ou avec la solution suivante : ajoutez 45 ml de sel à 500 ml de vinaigre.

L'ABC DES TRUCS

Vaporisez-en vos poêlons et casseroles, que vous frotterez avec un linge doux. Par contre, ce nettoyage fera pâlir le cuivre.

Un bain dans du vin rouge chaud additionné de gros sel ou dans du coca-cola fait briller le cuivre.

Un bracelet en cuivre à nettoyer rapidement ? Il suffit de le frotter avec du ketchup.

Déménagement

Réservez très tôt les services des déménageurs. Déménager en cours de semaine vous coûtera moins cher. N'oubliez pas de vérifier la couverture d'assurance en cas d'accident ou de bris.

Préparez pour les déménageurs une carte indiquant le plus court chemin vers la nouvelle résidence. Commencez à empaqueter tôt tous les objets qui ne seront pas utiles durant les dernières semaines. Nettoyez-les puis rangez les articles plus lourds au fond des boîtes et les plus légers sur le dessus. Étiquetez les boîtes avec un gros crayon marqueur. Au besoin, renforcez le dessous des boîtes avec du papier adhésif. Choisissez des boîtes plus petites pour les livres et les objets plus lourds.

Vous pouvez aussi marquer vos boîtes en y collant des étiquettes de couleur ou des rondelles autocollantes de différentes teintes. Chaque couleur correspond à une pièce ou à un membre de la famille. Ainsi, au cours du déménagement, les bonnes boîtes se retrouveront au bon endroit.

Pour éviter les dégâts, procurez-vous du papier plastifié à bulles d'air pour envelopper cadres, miroirs, vaisselle fragile, etc. Les taies d'oreillers font d'excellentes housses pour protéger lampes, abat-jour, tablettes, fleurs séchées et plantes.

Pour la première nuit dans votre nouveau logis, prévoyez une boîte « kit de survie » contenant la literie pour chacun des lits, des serviettes éponges pour la douche ainsi que votre trousse de toilette. Ajoutez des vêtements pour le lendemain.

Le papier journal tache la vaisselle et les bibelots. Utilisez plutôt des essuie-tout qui pourront être réutilisés dans la nouvelle maison pour le ménage, le lavage des vitres, etc.

Arrosez les plantes quelques jours avant le déménagement et calez les pots dans une boîte de carton ou une poubelle avec du papier journal pour les transporter sans dégâts.

Ne pas oublier d'envoyer des avis de changement d'adresse aux amis, institutions, gouvernements, médecin, dentiste, banque, écoles, services téléphoniques et de câblodistribution, etc.

Dentelle

On lave les dentelles sans les frotter, mais en les pressant entre les mains. Utilisez un savon de Castille ou à la glycérine. Ne tordez pas la dentelle, mais roulez-la dans un linge absorbant. On étire la dentelle pour lui redonner sa forme originale et on peut fixer les bords à l'aide d'épingles en acier inoxydable. La dentelle peut sécher au soleil.

Servez-vous de l'eau de cuisson des pâtes alimentaires pour empeser des napperons en dentelle. Vous n'avez qu'à les y plonger quelques minutes après avoir retiré les pâtes. Étendez votre dentelle sur une serviette éponge jusqu'à ce qu'elle soit bien sèche.

L'ABC DES TRUCS

Pour empêcher les dentelles de jaunir, emballez-les dans du papier de soie bleu, réputé pour protéger les tissus délicats du jaunissement, et amidonnez-les légèrement.

Rangez les dentelles dans un meuble ou un coffre de bois et, surtout, évitez les sacs plastifiés. Deux ou trois fois par année, aérez vos dentelles et mettez-les au soleil une heure ou deux.

Les vieilles dentelles présentent souvent de petits points qui ressemblent à des taches de rouille. Ils sont dus à un parasite qui attaque les dentelles lorsqu'elles sont rangées dans un endroit humide. Malheureusement, il y a peu d'espoir de voir disparaître ce type de taches.

Une dentelle raide, encrassée, retrouvera sa souplesse après un bain d'huile d'olive vierge suivi d'un bon lavage.

L'eau de riz est excellente pour donner un peu de tenue à des dentelles indisciplinées.

Repassage • On repasse toujours les dentelles à l'envers en allant de l'intérieur vers l'extérieur. Si vous devez repasser une dentelle à l'endroit, prenez soin de l'étendre sur un lainage épais et de la couvrir d'une mousseline humide pour ne pas la lustrer.

Teinture • Pour vieillir une dentelle, versez quelques gouttes de café, de thé, de chicorée ou un peu de safran dans l'eau de rinçage. Une dentelle trempée dans une décoction de pelures d'oignon deviendra d'un jaune ensoleillé.

Les dentelles noires adorent un bain de café noir sucré, de thé ou de bière. Elles en ressortiront propres et empesées.

Les dentelles blanches retrouvent leur blancheur en les plongeant dans une solution d'eau et de bicarbonate de soude. Un mélange de borax et d'eau est recommandé pour faire disparaître les taches rebelles.

Les dentelles ivoire doivent être rincées à la bière, alors que les dentelles grises préfèrent le thé.

Détecteurs de fumée

Pensez à vérifier régulièrement le bon fonctionnement des détecteurs de fumée. Appuyez sur le déclencheur d'alarme quelques secondes ou suivez les indications du manufacturier. La sonnette devrait fonctionner immédiatement.

Le remplacement des piles doit s'effectuer automatiquement au printemps et à l'automne, lors du changement d'heure. Une précaution qui peut sauver des vies.

Au moins une fois l'an, nettoyez l'extérieur des détecteurs de fumée avec un linge doux et l'intérieur du boîtier avec l'embout de l'aspirateur. N'utilisez pas d'eau ou de solvant, qui pourraient endommager les détecteurs.

Il ne faut pas peindre les détecteurs, ni retirer les piles de ceux qui se déclenchent trop souvent. Installez-les plutôt dans un endroit plus aéré.

Diamants

Plongez les bagues dans de l'eau tiède savonneuse. Utilisez une vieille brosse à dents pour les frotter et enlever les résidus de savon.

Vous pouvez aussi nettoyer vos bijoux avec un peu de dentifrice non abrasif et une vieille brosse à dents.

Disques compacts

La poussière, les saletés, le gras peuvent affecter les disques compacts. En tenant toujours les disques par le pourtour et l'orifice central, vous risquez moins d'y laisser des traces de doigts et de gras. Au besoin, utilisez un linge antistatique pour les dépoussiérer ou procurez-vous une trousse de nettoyage chez les disquaires.

Doigts et mains souillés

Il est toujours possible de se débarrasser des taches sur les doigts.

Taches d'aliments : frottez-les avec une pomme de terre crue ; rincez ensuite à l'eau.

Taches d'encre liquide : elles disparaissent si on les frotte avec l'intérieur d'une peau de banane ou du jus de tomate.

Taches de correcteur liquide blanc : le dissolvant de vernis à ongles nettoiera le tout.

Taches de nicotine : elles disparaissent en les frottant avec du jus de citron, de la pâte dentifrice ou un mélange constitué d'eau et d'eau de Javel à parts égales ; rincez à l'eau chaude, puis à l'eau froide.

Taches de silicone : si en appliquant de la silicone lors des travaux de maison vous tachez vos doigts, l'huile pour bébé en viendra à bout.

Taches d'huile à moteur : savonnez vos mains tachées et frottez-les avec du sable.

Doubles fenêtres

En posant les doubles fenêtres, déposez quelques boules antimites entre la fenêtre et la contre-fenêtre. Ainsi, les mouches ne s'y logeront pas aux premiers signes de l'hiver.

Draps

L'achat de nouveaux draps n'est pas toujours simple. Les marques abondent et on ne sait plus laquelle choisir.

Les draps les plus populaires sont faits à 50 % de coton et à 50 % de polyester. Leur entretien est des plus faciles ; ils ne froissent pas, donc aucun repassage n'est requis, et ne rétrécissent pas, donc l'ajustement demeure toujours parfait. Toutefois, pour le confort, tournez-vous vers les draps de coton et fiez-vous au nombre de fils.

Lisez bien les étiquettes • La fibre de coton du drap doit être assez longue pour être étirée, affinée et épurée ; de surcroît, plus la fibre est longue, plus la qualité du coton est grande. Sa finesse permet de multiplier le nombre de fils au pouce carré.

Un drap 100 % coton de 300 fils est plus doux, plus fin et plus robuste qu'un drap ne contenant que 180 fils. Le summum du confort : des draps en coton égyptien dont le tissage est de 200 à 420 fils au pouce carré.

Draps de percale : il s'agit tout simplement de draps de coton très fin, qui a été rasé dans le but d'éliminer les petites peluches si inconfortables qui se forment à la surface. On évite également ce problème avec les draps de coton peigné, qui sont soyeux et solides.

Draps de flanelle : ces draps duveteux et molletonnés sont chauds en hiver et « climatisants » en été. Du deux pour un. Dans la même famille, on trouve les « draps santé », faits de polyester et d'acrylique, idéaux pour les personnes qui ne réussissent jamais à se réchauffer durant les mois d'hiver. Confort garanti !

Pour assurer la longévité de vos draps, il est préférable que vous en possédiez trois ensembles : un sur le lit, le deuxième en attente dans l'armoire et le troisième au lavage.

Entretien • Il est recommandé de séparer les draps du reste de la lessive pour les laver. Surtout, évitez de les mélanger à des articles contenant du polyester, qui forme des peluches risquant de s'accrocher aux fibres naturelles.

N'utilisez pas de détersif contenant un agent de blanchiment pour laver les draps de couleur, sinon leur éclat en sera vite atténué.

Le séchage à l'extérieur, au soleil, blanchit le coton blanc. Vous pouvez aussi déposer vos draps, tôt le matin, sur l'herbe propre et encore humide de rosée. L'oxygène de la rosée fait blanchir le coton.

Après avoir changé de draps, déposez quelques gouttes d'huile essentielle sur les nouveaux. L'été, saupoudrez vos draps de talc. Cette substance absorbera l'humidité et vous procurera une sensation de fraîcheur et de bien-être.

L'ABC DES TRUCS

Draps-housses

Plier et ranger les draps-housses n'est pas de tout repos. Un véritable jeu de patience ! Pliez les draps et une taie d'oreiller du mieux que vous pouvez et glissez-les dans la seconde taie d'oreiller, que vous rabattez. Tout aura l'air bien rangé !

Duvet (VOIR AUSSI OREILLERS)

Si les plumes virevoltent autour de vous parce qu'elles traversent l'enveloppe d'un coussin ou d'un oreiller, passez à l'intérieur de la housse un savon de Marseille sec. Les petits trous seront bouchés et les plumes resteront en place. Répétez l'opération dès que vous voyez que des plumes recommencent à se pointer.

On peut aussi essayer ce traitement à l'intérieur d'un manteau qui perd ses plumes.

Eau

Vous pouvez faire de bonnes économies d'eau en nettoyant votre entrée de garage avec un balai plutôt qu'avec le boyau d'arrosage.

Lorsque vous lavez la voiture, servez-vous d'un seau. Utilisez le boyau d'arrosage pour le rinçage seulement.

N'oubliez pas d'ajuster le niveau d'eau selon la grosseur de la brassée que vous placez dans la machine à laver. Le rinçage à l'eau froide est une bonne source d'économie d'électricité. Sans surcharger la machine à laver, faites-la fonctionner uniquement lorsque la charge est suffisante.

Rappelez-vous qu'un robinet qui fuit laisse couler jusqu'à 10 000 litres d'eau par année. Par conséquent, fermez bien les robinets. En outre, ne laissez pas l'eau couler lorsque vous vous brossez les dents

ou que vous vous rasez, et rincez la vaisselle rapidement. Une douche est plus économique en eau qu'un bain rempli à ras bord. Évitez d'actionner la chasse d'eau de la cuvette inutilement.

Rappelez-vous que les toilettes ne sont pas une poubelle. Attendez que le lave-vaisselle soit plein avant de l'utiliser et vérifiez si un cycle plus court pourrait convenir.

Eau de Javel

Fabriquez de l'eau de Javel naturelle en mélangeant une part de peroxyde à sept parts d'eau. Conservez dans une bouteille et utilisez selon vos besoins. Identifiez bien la bouteille avec un autocollant pour qu'il n'y ait pas de méprise sur le contenu.

Eau dure

Si votre savon ou votre shampooing ne mousse pas bien et produit peu de bulles, que votre lessive « grisonne » et que votre vaisselle est marquée de petits cernes, c'est que votre eau courante est probablement dure, donc chargée de trop de minéraux.

L'installation d'un filtre neutralisateur ou d'un adoucisseur d'eau est la première solution à envisager. Vous pouvez remédier temporairement au problème en utilisant des savons enrichis d'huile ou de glycérine pour nettoyer votre peau et vos cheveux.

Utilisez plus de détergent lors de la lessive si votre eau est dure. L'ajout de 125 ml de bicarbonate de soude ou de 125 ml de vinaigre adoucit l'eau.

Échelle

Si vous avez peur de grimper à une échelle et de tomber, appliquez une couche de peinture sur les marches de bois ou de métal et saupoudrez-les de sable avant que celles-ci ne sèchent.

Vos semelles auront une bonne adhérence. Encapuchonnez avec un morceau de tapis les deux extrémités des montants de l'échelle. Vous

ne glisserez pas et, de plus, vous n'endommagerez pas la surface sur laquelle vous vous appuyez.

Écureuils

Comment empêcher les écureuils de grimper au poteau de votre mangeoire d'oiseaux ?

Enduisez le poteau et les fils de vaseline. Les pattes des écureuils glisseront… et les petits chapardeurs ne pourront atteindre leur but.

Écussons

Pas toujours facile de coudre des écussons sur des chemises. Utilisez de la colle blanche pour fixer l'insigne à l'endroit désiré. Laissez sécher avant de coudre l'insigne à la main ou à la machine. La colle partira dès le premier lavage.

Électricité statique

Si vos vêtements ont tendance à coller à vos sous-vêtements à cause de l'électricité statique, frottez vos bas, votre jupon ou votre jupe avec une feuille d'assouplissant textile avant de les porter. Un bon dépanneur à conserver dans le sac à main ou un tiroir au bureau.

Électroménagers

Si le revêtement a jauni et perdu son éclat, essayez cette recette : mélangez 125 ml d'eau de Javel, 60 ml de bicarbonate de soude et 1 litre d'eau chaude. Vaporisez cette solution sur vos appareils et laissez-la agir 15 minutes avant de rincer. Répétez l'opération si nécessaire.

Empois

Pour obtenir un empois rapide pour les tissus délicats, mélangez un sachet de gélatine sans saveur à 500 ml d'eau chaude. Laissez la gélatine se dissoudre complètement avant d'ajouter 1 litre d'eau. Laissez tremper quelques minutes dans cette solution les vêtements que vous désirez empeser.

Enveloppe

Pour ouvrir une enveloppe sans la déchirer, on connaît le truc de la vapeur, qui décolle le rabat, mais qui laisse le papier gondolé. Facile à repérer! Pour éviter toute déchirure, repassez plutôt la lettre avec un fer doux. Vous pourrez ensuite l'ouvrir facilement.

Par contre, si vous soupçonnez des yeux curieux, collez votre enveloppe avec du blanc d'œuf; l'enveloppe sera impossible à ouvrir, même à la vapeur.

Épingles à linge

Pour que vos épingles à linge en bois durent plus longtemps, faites-les bouillir dans de l'eau additionnée d'une grande quantité de vinaigre. Laissez-les reposer jusqu'à ce que l'eau refroidisse. Ce procédé durcit le bois.

Lorsque vous suspendez vos vêtements à une corde, mettez ceux de couleur vive à l'envers afin d'empêcher le soleil de les pâlir.

Époussetage

Pour enlever la poussière, le plumeau est rapide, mais il soulève la poussière, qui retombe immanquablement sur le plancher. Un linge légèrement humidifié d'eau ou de glycérine capte mieux la poussière.

Comme la poussière retombe toujours en bas, commencez par nettoyer les coins du plafond où se logent souvent les toiles d'araignées et les fils de poussière. Époussetez les lustres, ventilateurs, rebords des fenêtres et portes pour terminer par tout ce que vous trouvez au niveau de vos yeux.

L'ABC DES TRUCS

Pour enlever les fils de poussière accumulés au plafond et sur les lustres au cours d'une saison, il suffit de recouvrir votre vadrouille d'un vieux t-shirt troué que vous hésitez à jeter. Efficace et rapide.

Pour déloger la poussière des appareils électriques, rien de mieux qu'un aspirateur muni de la brosse destinée à l'époussetage; les petites fentes poussiéreuses sont nettoyées rapidement.

Pour nettoyer les bibelots fragiles, par exemple les pièces de collection, utilisez un séchoir à cheveux ou un pinceau à maquillage.

Le bois sculpté, les meubles de rotin, les lustres s'époussettent bien avec un pinceau qui pénètre dans les interstices.

L'électricité statique fait en sorte que la poussière colle aux écrans de télévision et d'ordinateur; frottez-les avec une feuille d'assouplissant textile.

Préparez une solution composée d'une partie d'assouplissant liquide et de trois parts d'eau. Imbibez-en un linge, pour nettoyer les meubles recouverts d'une vitre, le téléviseur, les stores en vinyle et d'aluminium, le dessus du réfrigérateur, et empêcher la poussière d'y coller.

Pour polir, rien de mieux qu'un vieux bas de laine ou des bas de nylon.

Afin d'obtenir un chauffage optimal à l'automne, profitez du changement de saison pour nettoyer les radiateurs, les bouches de ventilation et les sorties d'air chaud.

Utilisez l'aspirateur pour nettoyer les meubles, les coussins, les matelas et les douillettes, qui retiennent davantage la poussière lorsque les fenêtres sont ouvertes.

Escabeau

Si vous détestez grimper dans un escabeau de peur de glisser et de vous blesser, posez des bandes antidérapantes ou des retailles de tapis sur les marches ; elles vous empêcheront de glisser.

Fixez aussi sous les pieds de l'escabeau des morceaux de feutre qui l'empêcheront de glisser et éviteront les égratignures sur le plancher.

Escalier

Peindre un escalier n'est pas une besogne de tout repos ! Si vous peignez une moitié en largeur et pensez faire l'autre ensuite sans empiéter sur la partie déjà peinte, vous risquez d'endommager le travail que vous venez de faire. De plus, la jonction sera difficile à masquer, et les marques du pinceau ne disparaîtront pas en séchant. La meilleure méthode à adopter est de peindre seulement une marche sur deux et sa contremarche.

Commencez par la marche du haut et descendez en effectuant le travail. Vous pourrez ensuite remonter en empruntant les marches non peintes, prendre un moment de repos pendant que la peinture sèche et effectuer la deuxième partie du travail.

Étain

On nettoie les objets d'étain avec un chiffon imbibé de bière. Laissez sécher sans rincer.

L'alcool méthylique nettoie aussi l'étain. Imbibez un chiffon, nettoyez, rincez et asséchez avant de polir.

On peut faire briller les objets en étain en les frottant avec un chiffon doux et de la vaseline.

Étiquettes

Sur un livre que vous venez d'acheter. Couvrez-le d'un linge sec et repassez avec un fer pas trop chaud. Détachez ensuite l'étiquette avec vos doigts en la roulant.

Sur du plastique, il suffit de frotter la colle avec du beurre d'arachide ou de l'huile végétale. Elle s'envolera sans laisser ni trace ni rayure.

Sur du verre ou de la porcelaine, frottez la colle qui adhère à l'objet avec une gomme à effacer blanche. En adhérant à celle-ci, la colle sera plus facile à enlever. Le dissolvant de vernis, le fixatif à cheveux ou l'essence à briquet sont aussi efficaces.

Évier

Le jus de citron nettoie la porcelaine et l'aluminium. Vous pouvez désodoriser l'orifice de la bonde en le couvrant avec un demi-citron durant une nuit.

Vous pouvez faire briller un évier en acier inoxydable en le nettoyant avec du Club Soda ou du vinaigre. Séchez-le ensuite avec un linge doux.

On peut éliminer les mauvaises odeurs qui proviennent des tuyaux en saupoudrant de la poudre de moutarde forte dans le renvoi d'eau et en déposant un demi-citron sur l'orifice d'évacuation. Laissez agir quelques heures.

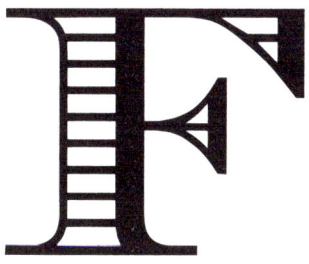

Factures et garanties

Lorsque vous achetez un appareil ménager, rangez le manuel d'instructions là où vous avez toutes les chances de le retrouver et, surtout, agrafez la facture à l'intérieur de la couverture. Si vous avez à retourner ou à faire réparer l'objet, vous aurez sous la main la preuve d'achat, ce qui vous évitera des procédures administratives et bien des discussions avec le commis.

Fenêtres

Aluminium • Si le cadre d'une fenêtre en alu paraît terne, appliquez une couche d'huile de citron.

Bois • Vous avez de la difficulté à ouvrir une vieille fenêtre en bois ?

Laissez couler un peu de savon à vaisselle le long de chacune de ses parois latérales. Vous n'aurez plus de problème.

Les glissières des fenêtres fonctionnent aisément si on les frotte avec un morceau de savon sec.

On peut nettoyer le cadre des fenêtres avec un aspirateur. Pour bien atteindre les rainures, employez une brosse à dents.

Fer à friser

Un fer à friser refroidi, jauni et encrassé par le fixatif à cheveux peut être nettoyé avec de l'alcool à friction ou du dissolvant de vernis à ongles.

Fer à repasser

N'utilisez pas d'eau du robinet dans le fer afin que le calcaire ne l'encrasse pas. L'eau déminéralisée est idéale pour soigner son petit « intérieur ».

Pour enlever le tartre qui s'accumule dans le fer, versez-y de l'eau additionnée de vinaigre. Faites chauffer jusqu'à évaporation. Videz le surplus et remplissez d'eau pure afin de faire disparaître les traces de vinaigre.

Pour détacher la semelle du fer ou enlever les taches brunâtres, il ne faut surtout pas utiliser un tampon à récurer, qui pourrait rayer le métal. Frottez la semelle avec du sel mélangé à de l'eau. Ensuite, bien rincer le fer avec de l'eau claire.

L'acétone enlève aussi les résidus de tissu synthétique qui ont pu coller au fer à repasser.

Nettoyez les trous par lesquels s'échappe la vapeur avec des cotons-tiges et délogez le tartre avec la pointe d'un trombone déplié.

Frotter la semelle avec un peu de sel, un morceau de paraffine ou de savon sec permettra au fer de mieux glisser. Essuyez bien la semelle par la suite avec un papier absorbant.

Frottez la semelle de votre fer avec une feuille d'assouplissant textile déjà utilisée, afin de lui donner un fini plus doux. Le fer glissera plus facilement sur les vêtements.

Fer forgé

Entretien • On peut laver le fer forgé avec de l'eau savonneuse. Si le fer forgé est très encrassé, ajoutez un peu d'ammoniaque à l'eau. Essuyez bien avec un linge doux, sinon vous verrez des cernes de rouille s'y déposer très rapidement.

Il suffit maintenant de protéger le fer.

Pour l'extérieur : vous devez appliquer un produit spécialisé qu'on trouve en quincaillerie et qui empêchera la rouille d'attaquer le fer forgé tout en le polissant. Le vernis ou la peinture antirouille sont aussi recommandés pour l'extérieur. Une application une fois l'an suffit.

Pour peindre le fer forgé à l'extérieur, appliquez une couche de peinture antirouille, puis deux couches de peinture extérieure.

Pour l'intérieur : le fer forgé conservera son éclat par un entretien régulier avec de la cire d'abeille incolore.

Fer forgé oxydé • Si un objet extérieur en fer forgé est oxydé, vous pouvez régler le problème rapidement. Frottez le fer forgé avec de l'huile végétale. Passez ensuite à la flamme (si l'objet est petit, un simple briquet peut convenir). L'objet deviendra noir mat tout en gardant une patine intéressante.

Fer forgé noir • Pour conserver la couleur noire d'un fer forgé ni oxydé ni rouillé, frottez-le avec du cirage à chaussures noir. Laissez le produit pénétrer une trentaine de minutes avant de lustrer avec un chiffon qui ne laisse pas de charpie.

Fermeture éclair

Inutile d'arracher le curseur, on décoince une fermeture éclair bloquée en frottant les deux côtés de la fermeture avec un morceau de savon sec.

Feu de foyer

Vous pouvez embaumer une pièce entière en ajoutant au feu que vous allumez quelques feuilles de laurier. Brûlez-y aussi vos fines herbes séchées que vous n'avez pas utilisées au cours de la dernière année.

Si, dans votre jardin, vous avez des plants de fines herbes que vous vous apprêtiez à jeter, mettez-les plutôt dans votre feu de foyer.

Ramassez les pommes de pin au cours de vos promenades. Vous pouvez y verser quelques gouttes d'huile essentielle et les faire brûler lors d'une soirée fraîche.

Feuille de placoplâtre

Si vous vissez la feuille, la pose sera rapide et vous n'aurez qu'à recouvrir les têtes de vis avec un peu de pâte à joints. Par contre, si vous clouez, le travail se fera plus rapidement encore, mais inévitablement les clous ressortiront après un certain temps. Vous devrez alors les enfoncer de nouveau tout en camouflant avec de la pâte à joints les marques laissées par la tête du marteau.

Feuilles d'assouplissant textile

Si vous en manquez, humectez une débarbouillette avec un peu d'assouplissant liquide, puis déposez-la dans la sécheuse avec vos vêtements humides.

Film photographique

Conserver les films inutilisés pour votre appareil photo au réfrigérateur est un bon truc.

Vous pouvez les conserver ainsi presque indéfiniment. Par contre, pensez à les sortir 30 minutes avant de les placer dans l'appareil pour éviter toute condensation.

Fils électriques

Fatigué de retrouver vos rallonges, fils électriques et jeux de lumières de Noël emmêlés au fond d'une armoire ? Après les avoir démêlés, glissez-les dans un tube de papier de toilette ou d'essuie-tout pour les maintenir en place. Vous pouvez même noter sur le carton du tube la longueur de la rallonge ou d'autres détails pratiques pour votre prochaine utilisation.

Les fils électriques (de la télévision, du magnétoscope, des appareils électriques) qui courent sur le plancher vous embêtent ? Glissez-les dans un tube de plastique qui habituellement recouvre la tringle de la douche. Coupez le tube en deux et peignez-le pour un ajustement parfait le long du mur.

Fleurs fraîches

Couper les tiges en biseau facilite l'absorption d'eau et permet de conserver les fleurs fraîches plus longtemps. Répétez l'opération chaque fois que vous changez l'eau du vase. Placez le bouquet de fleurs à l'abri des rayons du soleil ou loin de toute source de chaleur.

Un comprimé d'aspirine dans l'eau du vase permet de conserver les fleurs plus longtemps, réduisant la prolifération des bactéries.

Une eau tiède légèrement salée conserve les fleurs fraîches plus longtemps.

Un morceau de charbon de bois ajouté à l'eau empêche la formation de moisissures et la corruption de l'eau.

L'eau de pluie est aussi excellente pour conserver les fleurs longtemps dans un vase, et l'eau ne dégagera aucune mauvaise odeur.

Les tulipes se tiendront plus droites et s'ouvriront moins rapidement si vous déposez quelques sous noirs dans le fond du vase rempli d'eau froide.

Pour allonger des fleurs à la tige trop courte ou si la tige des fleurs est trop molle, glissez-les dans des pailles avant de déposer les fleurs dans le vase.

Fleurs plastifiées et artificielles

Enlevez la poussière en déposant les fleurs dans un sac de plastique avec du gros sel. Secouez énergiquement. La poussière sera vite délogée.

Fleurs séchées

La poussière se dépose rapidement sur les fleurs séchées. On peut vaporiser le bouquet de fixatif à cheveux. La poussière n'y adhérera pas. Pour un nettoyage rapide occasionnel, utilisez un séchoir à cheveux afin de déloger la poussière. Évitez de répandre la poussière dans la maison et effectuez ce nettoyage à l'extérieur ou dans le garage.

Fonte (VOIR POÊLONS EN FONTE)

Four

Si le dégât se produit sous vos yeux, saupoudrez immédiatement du sel sur ce qui a coulé. Laissez refroidir et nettoyez avec un linge humide.

Si les taches sont plus anciennes, saupoudrez l'intérieur du four de savon en granules pour le lave-vaisselle. Recouvrez le tout de papier absorbant mouillé. Laissez agir une nuit avant de laver le four avec de l'eau additionnée de savon à vaisselle.

Une solution de bicarbonate de soude et d'eau que vous laissez reposer une heure enlève les saletés collées dans le four.

Si votre four dégage de la fumée et une odeur de brûlé, saupoudrez-le de sel fin. Laissez refroidir et nettoyez avec un linge humide.

Four à micro-ondes

Cuisson • Il est préférable d'utiliser des récipients circulaires plutôt que carrés pour la cuisson dans le four à micro-ondes. La cuisson sera plus uniforme, et finis les coins trop cuits ou bouillants alors que le centre du plat est encore tiède !

Ne laissez pas le four à micro-ondes fonctionner à vide, mettez-y un verre rempli d'eau. Il ne faut pas assécher un linge trempé ou du papier dans le four, ils peuvent s'enflammer.

Nettoyage • Si votre four se retrouve couvert d'éclaboussures, faites chauffer de l'eau dans une tasse en pyrex pendant trois à quatre minutes. Vous pouvez ajouter un quartier de citron ou 60 ml de vinaigre dans 250 ml d'eau. La vapeur couvrira l'intérieur du four et vous n'aurez qu'à y passer un essuie-tout pour tout nettoyer en un tournemain.

Si, après la cuisson du poisson, votre four à micro-ondes garde une odeur désagréable, déposez 30 ml d'essence de vanille dans un petit bol et cuisez à la puissance maximale pendant une minute. Répétez si nécessaire.

Fourmis

Pour chasser les fourmis autour de la maison, arrosez le sol d'une solution composée de 1 litre d'eau de Javel pour 10 litres d'eau froide. Cette solution détruit rapidement les nids de fourmis.

Dans la maison, les fourmis ne traversent jamais une ligne de craie. Tracez-en une sur le sol près des endroits où vous les repérez pour les empêcher de vous envahir. L'essence de clous de girofle fera aussi fuir ces insectes.

La cendre de cigarette mélangée à du cerfeuil réduit en miettes coupe aussi la route aux fourmis.

Les quartiers de citron, les gousses d'ail épluchées déposés dans les armoires éloignent les fourmis. L'huile de menthe versée le long des rainures des armoires empêchera les fourmis d'y pénétrer.

Vous pouvez aussi préparer des pièges à fourmis qui les attireront.

Mélangez 125 ml de mélasse, 60 ml de sucre et 60 ml de levure à pain. Déposez une petite quantité de ce mélange sur une feuille ou un carton dans les endroits où les fourmis circulent. En peu de temps, vous verrez les fourmis accourir. Vous n'avez plus qu'à glisser votre piège dans un sac-poubelle et à le déposer à l'extérieur de la maison.

Fournaise

Vous devez faire appel à un spécialiste une fois l'an pour le nettoyage des fournaises au mazout et au gaz. Les fournaises électriques ne nécessitent qu'un bon nettoyage des parois extérieures avec un linge sec.

Fourrure

S'il est mouillé, suspendez le vêtement en fourrure sur un cintre de bois et laissez-le sécher dans un endroit aéré, loin de toute source de chaleur qui pourrait dessécher le cuir.

On enlève toute trace de calcium ou d'éclaboussure sur la fourrure avec un linge mouillé.

Pour rendre la fourrure brillante, frottez-la de temps en temps avec un linge de velours.

Vous pouvez enlever le gras sur une fourrure claire, surtout au col et aux poignets, en saupoudrant les taches de talc. Secouez et brossez légèrement pour enlever la poudre.

Sur une fourrure foncée, faites chauffer quelques minutes du son au four. Saupoudrez la fourrure. Brossez les poils et secouez énergiquement la fourrure pour éliminer complètement le son.

Les odeurs sont difficiles à faire disparaître. Le bran de scie est souvent efficace contre les odeurs d'humidité, spécialement si les fourrures ont été rangées au sous-sol de la maison pendant quelques années. Par contre, il est impossible d'éliminer l'odeur de la boule antimites et une odeur très soutenue de fumée de cigarette.

Encore là, on dépose la fourrure dans un grand bac, on la saupoudre de bran de scie. Agitez dans tous les sens, laissez reposer quelques heures avant de secouer et de brosser la fourrure.

N'oubliez pas qu'un bon nettoyage par un professionnel est nécessaire à la fin de l'hiver, car il enlève toute la saleté qui endommage la fourrure. Il est préférable d'entreposer la fourrure dans une chambre froide.

Foyer

Nettoyage • Enlevez régulièrement les cendres bien refroidies (on doit compter un minimum de deux jours après le dernier feu), que vous pouvez conserver dans un grand récipient métallique. Vous pouvez réutiliser ces cendres le printemps venu, au moment de vos travaux de jardinage.

Nettoyez les briques et les pierres avec un détergent pour le lave-vaisselle dilué dans de l'eau chaude (environ 125 ml de savon pour 4 litres d'eau). Appliquez cette solution avec une éponge, frottez énergiquement avec une brosse rigide, puis rincez.

Un bon époussetage régulier ainsi que l'utilisation de l'aspirateur enlèvent la poussière normale qui couvre les portes, la grille et les accessoires. Le meilleur truc pour nettoyer les portes en vitre du foyer est de les frotter avec de la cendre. Pour enlever les résidus de poussière grasse qui s'accumulent au fil des semaines, utilisez du savon à vaisselle liquide dilué dans de l'eau chaude et une brosse douce. Rincez et asséchez complètement à l'aide d'un linge doux pour éviter que des taches de rouille se forment. Ensuite, polissez les accessoires.

Utilisation • Vous pouvez parfumer la maison en jetant sur les bûches du foyer quelques pelures de citron, de lime ou d'orange.

Faites vos propres bûches en roulant bien serré vos vieux journaux que vous pouvez humidifier avec un peu d'eau. Attachez-les avec du fil métallique afin qu'elles tiennent bien en place dans le foyer.

Ne faites pas l'erreur de brûler les branches superflues que vous avez dû couper sur votre sapin. Elles saliraient votre cheminée, en plus de produire des étincelles qui peuvent se révéler dangereuses.

Friteuse

Lorsque vous videz la vieille huile de votre friteuse, il n'est pas nécessaire de laver la bassine avec de l'eau et du savon. Il suffit de bien frotter l'intérieur avec quelques feuilles de papier absorbant pour la voir redevenir propre.

Fuite d'air chaud

Si vous soupçonnez des fuites de chaleur lors de journées froides, vous pouvez localiser ces fuites en utilisant une bougie ou une feuille de plastique mince. Déplacez-la lentement le long des arêtes des murs, des planchers et des plafonds, sur le pourtour de la pièce. Le vacillement de la flamme ou de la feuille indiquera la provenance de ces courants d'air. Un coupe-froid ou un scellant empêchera l'air de pénétrer.

Gants caoutchoutés

En saupoudrant l'intérieur des gants de talc, il sera plus facile de les enfiler, et vos mains resteront plus sèches.

Si vous n'aimez pas le contact du caoutchouc sur votre peau, portez des gants de coton fins sous les gants de caoutchouc.

Placez un tampon d'ouate au bout des doigts des gants de caoutchouc. Vos ongles seront protégés et les gants se perceront beaucoup moins rapidement. Vous pouvez aussi coller à l'intérieur des gants un petit morceau de ruban électrique qui protégera le bout des doigts.

Découpez quelques bandes de caoutchouc dans le poignet d'un gant usé. Elles serviront de garrot pour dévisser des couvercles difficiles à ouvrir.

Gants de cuir

Si vos gants vous semblent secs et la peau n'est plus aussi souple, frottez vos mains avec de l'huile d'amande douce et enfilez-les. Massez vos mains pour bien faire pénétrer l'huile à l'intérieur de la peau.

Nettoyez des gants de cuir blancs en les enfilant et en les frottant avec de la farine. Brossez ensuite délicatement pour enlever toute la farine.

Gants de latex ou de vinyle

Il est possible de vous procurer en pharmacie des gants médicaux en latex dont l'intérieur est saupoudré de poudre ou non. Ces gants seront utiles pour certains travaux salissants, dont le rempotage de vos plantes. Il est important de souligner que les personnes allergiques au latex doivent opter pour des gants de vinyle.

Gazon

Lorsque vous coupez le gazon avec votre tondeuse, ne ramassez pas les brins d'herbe très courts. Ils se décomposent plus rapidement à l'air libre que concentrés dans un sac-poubelle. Ils fournissent en plus un excellent engrais à votre pelouse, tout en freinant la prolifération des mauvaises herbes. De cette façon, vous contribuerez à ne pas augmenter les émissions de gaz à effet de serre.

Genoux usés

Lorsqu'un petit enfant explore son univers à quatre pattes, il y a de grands risques qu'il use très vite les genoux de sa salopette ! Réglez le problème en coupant le pied d'une épaisse chaussette en laine ou en coton. Enfilez-lui ces genouillères inusitées, qui protégeront ses vêtements et préviendront les éraflures aux genoux.

Gouttières

Il faut nettoyer une fois l'an, au printemps ou à l'automne, les gouttières de la maison. Les saletés, le terreau et même parfois de petits arbres bourgeonnés alourdissent les gouttières qui peuvent se disloquer. Enlevez tous les résidus dans la gouttière avec une petite truelle et terminez le nettoyage avec le boyau d'arrosage ouvert à grand débit pour nettoyer le tout et vous assurer que l'eau s'écoule normalement.

Graffitis

À moins d'avoir le goût de vous lancer dans de longues périodes de nettoyage, il vaut mieux faire appel à un spécialiste qui utilisera un produit efficace et sain pour l'environnement.

Pour enlever un graffiti de petite dimension, utilisez un solvant puissant pour les peintures en aérosol. Le ponçage au jet d'eau ou au jet de sable donne aussi de bons résultats. Il n'est pas onéreux pour vous d'essayer de pulvériser les graffitis avec une sableuse à jet d'eau, mais si vous n'êtes pas satisfait du résultat, il vaut mieux confier à un professionnel le ponçage au jet de sable, efficace pour les surfaces de brique, de pierre, de béton et de bois.

Si vous craignez l'apparition de nouveaux graffitis après un bon nettoyage, il serait plus prudent d'appliquer un protecteur dont le film transparent empêche la pénétration de la peinture et protège du même coup la surface contre les intempéries.

Grille-pain

Pour faire reluire le chrome, saupoudrez du bicarbonate de soude sur un chiffon humide.

Si, par malheur, un sac de plastique colle au grille-pain, nettoyez ce dégât avec du dissolvant de vernis à ongles.

Horloge

Nettoyez l'extérieur de l'horloge avec un chiffon doux. Si vous devez employer un produit nettoyant pour le verre, vaporisez-le sur votre linge et non sur l'horloge. Le produit nettoyant ne doit pas s'infiltrer à l'intérieur.

Enlevez la poussière superficielle à l'intérieur de l'horloge avec une brosse douce ou l'embout fin de votre aspirateur. Ne touchez pas au mécanisme de l'horloge, au risque de l'endommager. Son nettoyage doit être confié à un professionnel.

Hotte

Généralement, les hottes de cuisinière comportent un filtre d'aluminium lavable. Les treillis à mailles très rapprochées se nettoient dans le lave-vaisselle.

Si le filtre est très encrassé, vous pouvez le nettoyer rapidement en le laissant tremper dans de la térébenthine. La graisse disparaîtra comme par magie. Rincez-le soigneusement avant de le replacer.

Pour un nettoyage rapide, vous pouvez aussi laver le filtre avec une eau additionnée de détergent pour lave-vaisselle. Diluez 15 ml de savon dans 1 litre d'eau très chaude.

Housse à barbecue

Une vieille housse tachée ou déchirée peut être découpée en morceaux qui seront bien pratiques pour protéger vos genoux lors des travaux de jardinage.

Huile

Si vous venez de renverser une bouteille d'huile à salade par terre, vous voilà avec un gros problème de nettoyage sur les bras. Pas de panique ! Saupoudrez le plancher de farine, laissez-la absorber l'huile et balayez ensuite le résidu pâteux. Vous n'avez plus qu'à laver le plancher avec de l'eau chaude savonneuse.

Humidificateur

Éliminez les odeurs dans un humidificateur en versant quelques cuillerées de jus de citron dans l'eau.

On peut nettoyer le tambour d'un humidificateur en le laissant tremper quelques heures dans une solution constituée de 1 partie d'acide muriatique pour 20 parties d'eau. Rincez abondamment avant de le remettre en place.

L'ABC DES TRUCS

Humidité

Quelques questions à se poser et quelques minutes d'observation vous permettront de constater si votre maison est trop humide et si vous devez remédier à la situation.

- Remarquez-vous des cloques ou des fissures sur la peinture des murs ? Des décollements du papier peint ?
- Voyez-vous des taches auréolées sur les murs ou au plafond ?
- Y a-t-il des traces d'humidité, des traces blanchâtres au bas des murs ou des traces noires sur la peinture ou sur les papiers peints ?
- Observez-vous de la buée ou de la condensation sur les fenêtres ?
- Vos murs sont-ils froids ? Sentez-vous une sensation de froid quand vous approchez des murs dans une pièce ?
- Une odeur de moisi ou de renfermé flotte-t-elle dans l'air ?
- Le linge dans les placards et penderies est-il taché ou jaunit-il rapidement ?
- Les objets métalliques dans la cuisine ou dans l'atelier ont-ils tendance à rouiller rapidement ?
- Observez-vous des gonflements, des craquements des boiseries, portes et fenêtres ?

Si vous avez répondu oui à deux de ces questions, vous avez probablement un problème d'humidité dans la maison. Un déshumidificateur pourrait être la solution, sinon consultez un spécialiste qui saura vous conseiller.

Placards • Une odeur d'humidité qui peut même créer des taches sur les vêtements envahit souvent les placards. Déposez plusieurs bâtons de craie sur les tablettes ou suspendez-en quelques-uns attachés ensemble. La craie absorbe l'humidité.

Sous-sol • Si des odeurs d'humidité envahissent votre sous-sol, placez quelques récipients sous les meubles, dans lesquels vous versez de la litière pour les chats non parfumée. Lorsque la litière sera solidifiée, à cause du haut taux d'humidité, remplacez les plats.

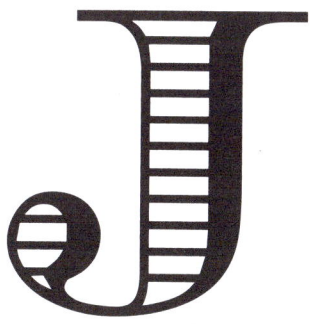

Jade

Le jade reprendra tout son éclat si vous le placez quelques heures au réfrigérateur ou 30 minutes au congélateur.

Jardin

Si vous avez de petits intrus dans votre jardin, voici comment les éloigner.

Pour éloigner les chats du jardin, mélangez deux parts de piment de Cayenne, trois parts de moutarde sèche et cinq parts de farine. Ajoutez de l'eau afin d'obtenir une bouteille de solution. Vaporisez aux endroits où les visiteurs vous incommodent. Ou encore,

suspendez quelques écorces de citron dans vos plants. Les chats détestent cette odeur.

Pour éloigner les ratons laveurs et les mouffettes, arrosez les limites du jardin, les arbres et les poubelles avec cette potion magique : mettez 1 oignon émincé, 1 gousse d'ail et 15 ml de piment de Cayenne dans 1 litre d'eau ; laissez macérer le mélange une semaine avant de vaporiser.

Évitez de vaporiser ces mélanges sur le feuillage de vos plants de légumes et sur vos fleurs. Il vaut mieux répandre la solution sur le sol ou vaporiser la terre.

Pour éloigner les taupes affamées qui dévorent les légumes du jardin, placez des boules de naphtaline près des entrées de la taupière ou glissez des chiffons imbibés de créosote ou de pétrole dans les trous du jardin : l'odeur leur déplaira. L'utilisation des boules de naphtaline demande la prudence si vos enfants ou des animaux domestiques ont accès à la cour.

Les cheveux humains, les poils de chat ou de chien ont le don de déplaire aux petits rongeurs comme les écureuils. Étendez-les donc dans votre jardin pour éviter une visite désagréable de ces petits voraces.

C'est curieux, mais une assiette jaune, couleur particulièrement appréciée des insectes, déposée dans le jardin attire aussi quantité d'insectes souvent nuisibles, comme les perce-oreilles. Versez dans l'assiette un mélange d'eau et de savon à vaisselle, ou tout simplement un peu de bière.

Pour éliminer les œufs des papillons blancs qui pondent sous le feuillage des plantes, saupoudrez la terre du jardin de farine à l'aide d'un tamis.

Arrosage • L'eau de pluie est excellente pour les arrosages de vos plantes et de votre jardin. Pourquoi ne pas la recueillir dans un bidon

placé près d'une gouttière ? Il est préférable d'arroser tôt le matin ; il ne faut jamais arroser sous un soleil ardent. Quand les nuits sont chaudes, on peut également arroser le soir.

Si une plante nécessite de l'eau de façon urgente et qu'il fait soleil, aspergez seulement les racines et attendez jusqu'au soir pour un arrosage complet.

Jeans

Pour empêcher les jeans de pâlir, faites-les tremper avant le premier lavage dans de l'eau additionnée de vinaigre, environ 250 ml de vinaigre pour 4 litres d'eau, ou de l'eau froide très salée. La couleur sera fixée beaucoup plus longtemps.

Bien traité, le jean supporte la sueur et la saleté. Espacez les lavages pour conserver la couleur originale des jeans. Si les jeans ont perdu leur teinte, lavez-les tous ensemble, les neufs et les vieux. Si vous possédez un ensemble en denim, vous devez toujours laver la veste et le jean ensemble et au même rythme.

Pour camoufler la ligne de rallonge sur un jean, frottez la trace avec un stylo-feutre ou un crayon à colorier de la même teinte.

Si des taches de javellisant ou de chlore illuminent votre jean, diluez de l'encre indélébile bleue avec de l'eau. Obtenez la bonne nuance et appliquez sur les taches avec un coton-tige. Laissez sécher avant de laver.

Jersey

Le jersey perd facilement sa forme au lavage. Il est préférable de laver ces vêtements à la main ou au cycle délicat. Faites sécher à l'air libre et, si un repassage s'impose, utilisez un fer à faible température.

Jouets de plastique

Désinfection • Comment empêcher la transmission de microbes par les jouets qui sont portés à la bouche une vingtaine de fois à l'heure ?

En lavant et en désinfectant les jouets dans de l'eau **savonneuse**. Laissez-les ensuite tremper une dizaine de minutes dans de l'eau claire additionnée d'eau de Javel (15 ml pour 1 litre d'eau). Rincez à fond et suspendez dans un filet pour qu'ils sèchent à l'air libre.

Nettoyage • Avant de ranger les jouets que vous désirez conserver, lavez-les dans de l'eau savonneuse tiède et ajoutez quelques gouttes de glycérine à l'eau de rinçage.

Le plastique gardera sa souplesse.

Rangement • Lorsque vous partez en vacances à la plage, pensez à apporter un grand filet. Une fois la période de jeux terminée, vous n'aurez plus qu'à passer le sac sous le robinet de la douche ou à le plonger dans l'eau. Les jouets en ressortiront propres et, de retour à la maison, vous n'aurez pas la désagréable surprise de trouver un bac de sable dans le coffre de votre voiture.

Après l'heure du bain, le rangement des jouets peut aussi se faire dans un filet. Suspendus dans la douche, ils seront à la portée de la main pour la prochaine baignade.

Jupe plissée

Avant de laver une jupe plissée, faufilez la jupe à plat. Laissez le fil en place pour le séchage et le repassage.

Lacets

Inutile de changer les lacets aux bouts effilochés. Trempez les bouts dans une bouteille de vernis à ongles incolore. Laissez sécher avant de lacer à nouveau vos chaussures.

Lainage

Si vous lavez un tricot à la machine, prenez le temps de retourner le tricot à l'envers avant de le glisser dans votre lessive. Vous diminuerez ainsi le boulochage qui est la formation de petites boules de fibres que vous trouvez souvent à l'usure sur les pulls de laine. Le lavage à la main limite les dégâts.

Lavez vos lainages avec du shampooing doux pour les cheveux (15 ml pour 1 litre d'eau tiède) ou un savon doux pour lainage. Ajoutez 15 ml

de revitalisant à l'eau de rinçage. Essorez délicatement les tricots dans la laveuse au cycle délicat ou tout simplement à la main en pressant le tricot entre deux serviettes éponges. Pour que le tricot conserve sa forme initiale, faites-le sécher à plat sur une grande serviette éponge, jamais près d'une source de chaleur ni au soleil.

Si vous devez repasser un lainage, vous devez utiliser un fer à chaleur moyenne et à sec, sans eau ni vapeur.

Pour le rinçage des tricots, l'utilisation de l'eau de cuisson des haricots blancs préalablement refroidie les rend moelleux et les empêche de rétrécir.

Pour fixer les couleurs, ajoutez un peu de vinaigre à l'eau de rinçage. De plus, le vinaigre élimine les odeurs de transpiration qui sont imprégnées dans les lainages.

Un rasoir ou un rasoir déboulocheur électrique enlève toutes les petites boules de fibres que vous trouvez souvent sous les aisselles, le bas du pull ou toutes les parties du pull où il y a friction.

Avant de ranger les lainages, enveloppez-les de papier journal ou glissez-en quelques feuilles dans la boîte de rangement. L'odeur de l'encre éloignera les mites et la lumière du jour n'altérera pas la couleur des vêtements.

La chaleur du fer à repasser tue tous les œufs de mites. Recouvrez le tricot d'un papier de soie et repassez le tricot avant de le ranger.

Lainage feutré

Si votre lainage a feutré après un séjour dans le sèche-linge, faites-le tremper 24 heures dans 1 litre d'eau froide additionnée de 15 ml de bicarbonate de soude.

RECETTE POUR DÉFEUTRER UN TRICOT

Pour récupérer un tricot de laine feutrée, dans 6 litres d'eau tiède ajoutez 5 ml d'ammoniaque, 5 ml de sel et 5 ml de térébenthine. Laissez tremper le tricot dans cette solution pendant 24 heures.

L'ABC DES TRUCS

Rincez bien à l'eau froide. Essorez et séchez à plat en donnant au vêtement la forme désirée.

⋆⋘ AUTRE RECETTE POUR DÉFEUTRER UN TRICOT ⋙⋆

Faites bouillir 500 ml (2 tasses) de fèves blanches dans une grande quantité d'eau. Après la cuisson, égouttez les fèves, que vous conserverez pour préparer votre souper (un souci de moins pour ce soir!) et faites refroidir l'eau. Ajoutez à cette eau 75 ml (5 c. à soupe) de glycérine par litre (4 tasses) d'eau. Attendez quelques minutes afin que la glycérine soit bien dissoute dans l'eau. Plongez le tricot feutré dans la solution en le pressant afin qu'il absorbe bien l'eau. Redonnez forme au tricot et étendez-le sur une serviette éponge en l'étirant de votre mieux. Au besoin, changez la serviette détrempée et utilisez une serviette sèche. Laissez le tricot sécher à plat.

Tricot déformé • Si le vêtement de laine est déformé parce qu'il a été suspendu sur un cintre, placez-le au-dessus d'une casserole d'eau bouillante afin que la vapeur l'imprègne bien. Étendez le tricot humide sur une serviette éponge en lui redonnant sa forme initiale.

Quand on porte beaucoup un pull, les poignets, le col ou le bas se déforment et agrandissent. Lavez seulement ces parties une dizaine de minutes dans de l'eau très chaude. Essorez et séchez rapidement avec le séchoir à cheveux.

Tricot blanc jauni • Si vous avez conservé le châle de baptême de la famille et qu'il est tout jauni, sachez qu'un bain dans de l'eau froide additionnée d'eau oxygénée (environ 15 ml pour 1 litre d'eau) lui redonnera sa blancheur. Rincez bien et laissez sécher à l'ombre. Et la tradition sera perpétuée...

Tricot rétréci • Dessinez le contour du vêtement sur une feuille de papier d'emballage (sac d'épicerie coupé, étendu à l'envers). Lavez le tricot avec un savon doux; ajoutez quelques gouttes de glycérine à l'eau de lavage. Rincez à l'eau tiède. Faites sécher à plat en respectant les dimensions du papier.

L'ABC DES TRUCS DE MADAME CHASSE-TACHES

Laine d'acier

Quand on doit frotter un plancher, du bois ou même des chaudrons très encrassés avec de la laine d'acier, on sait que les mains seront douloureuses après ce dur travail. Pour éviter ces désagréments, coupez une balle de tennis en deux et remplissez-en une moitié avec de la laine d'acier. Non seulement vous aurez une meilleure prise pour effectuer le travail, mais vos mains seront bien protégées.

Lavabo de porcelaine

On nettoie les accessoires de porcelaine avec un mélange de savon à lessive en poudre et de poudre à récurer, comme le bicarbonate de soude ou le borax.

Un mélange moitié-moitié de bicarbonate de soude et de peroxyde appliqué sur les taches rebelles les fera disparaître. Laissez agir une nuit entière avant de bien rincer le lavabo.

Lave-vaisselle

Ces trucs farfelus pour nettoyer le lave-vaisselle ont bien fait rigoler les vendeurs d'appareils électroménagers ! On recommande de verser dans le réservoir à savon le contenu d'une enveloppe d'orange Tang ou de poudre Kool-Aid. Ainsi, tous les tuyaux et les parties difficiles à atteindre du lave-vaisselle seraient nettoyés. Ça ne coûte pas bien cher d'essayer ces trucs.

Par contre, sachez que le bicarbonate de soude est un bon nettoyant pour le lave-vaisselle et qu'un cycle court avec un peu de vinaigre nettoie aussi parfaitement l'intérieur de l'appareil.

On peut également déposer dans le fond du lave-vaisselle vide la moitié d'une bouteille de sel de citron de 50 g vendue en pharmacie. Faites fonctionner l'appareil le temps d'un cycle normal.

On évite les taches sur la vaisselle et les ustensiles en utilisant moitié savon et moitié bicarbonate de soude dans le réservoir du lave-vaisselle.

On ne doit jamais utiliser de savon à vaisselle liquide dans un lave-vaisselle, il mousse beaucoup trop et pourrait endommager l'appareil.

Usage quotidien • Enlever les restes d'aliments et rincer les assiettes avant de les glisser au lave-vaisselle ne prend que quelques secondes et évite bien des problèmes. Sans cette précaution, vous risquez que votre vaisselle ressorte mal lavée et même que votre appareil soit endommagé. Un noyau d'olive coincé sous le bras gicleur peut être responsable de bien des dommages.

Pour éviter que les accessoires et plats de plastique se déforment sous la chaleur, il est prudent de les ranger dans le panier supérieur. La vaisselle plus légère et fragile doit aussi être déposée dans ce panier, où la pression de l'eau est en général plus faible.

Un appareil surchargé ne fait pas économiser temps et argent. Vous aurez peut-être à relaver toute la vaisselle.

Il est possible de laver au lave-vaisselle une panoplie de petits objets comme les tétines à biberon, jouets, accessoires de cuisine. Il suffit de les glisser dans un sac en filet que vous déposez dans le plateau supérieur.

Si vous vous absentez pour les vacances, saupoudrez une petite quantité de bicarbonate de soude dans votre lave-vaisselle avant de quitter la maison. Vous n'aurez pas la mauvaise surprise d'y découvrir une odeur d'humidité ou de renfermé à votre retour.

Le bicarbonate de soude se dissoudra dès le premier lavage de vaisselle, sans aucun danger d'endommager votre lave-vaisselle.

Lave-vitre

Vous pouvez préparer vous-même votre lave-vitre pour la voiture. Ajoutez 1 partie de vinaigre à 3 parties d'eau. Vous pouvez aussi ajouter de 15 à 30 ml de détergent liquide pour la vaisselle. L'hiver, l'alcool à friction ajouté à cette formule empêchera le lave-vitre de geler. Comptez 1 litre d'alcool pour 250 ml d'eau vinaigrée.

L'ABC DES TRUCS DE MADAME CHASSE-TACHES

Lessive

Précautions • Avant de faire une brassée, prenez soin de vider les poches des vêtements. Faites attention aux mouchoirs de papier oubliés dans une poche. Vérifiez que les manches des chemises, des blouses et des pulls ne sont pas retroussées. Retournez les jeans à l'envers pour éviter qu'ils déteignent. Fermez bien les fermetures éclair, les attaches velcro, nouez les lacets et cordons, boutonnez les vêtements afin de les protéger.

Lavage • L'eau froide n'est pas toujours appropriée pour les vêtements très souillés. À l'occasion, utilisez de l'eau chaude ou tiède pour nettoyer les tissus fort tachés. L'eau très froide, spécialement l'eau dure, ne dissout pas complètement le savon en poudre, qui peut laisser des résidus blanchâtres sur les vêtements foncés.

Lorsque la journée est très froide, utilisez plutôt un détersif liquide, qui se diluera plus facilement.

Pour blanchir le linge, utilisez de l'eau chaude et ajoutez-y de l'eau de Javel. Pour faire disparaître les taches tenaces, il est inutile d'augmenter la quantité d'eau de Javel ; il suffit de faire tremper la lessive plus longtemps.

Si, par malheur, un vêtement coloré s'est glissé dans votre lessive de blanc et que vous retrouvez votre linge rosé ou coloré, faites tremper ce linge teinté dans du lait chaud. Quelques litres suffiront à sauver votre lessive et à redonner leur blancheur à vos vêtements.

Lorsque vous lavez pour la première fois des tissus très colorés, ajoutez 5 ml de sel d'Epsom pour 4,5 litres d'eau. Les tissus ne déteindront pas. Pour empêcher les vêtements colorés de pâlir, on doit les sécher à l'ombre ou à l'envers par temps ensoleillé.

Prenez garde de ne pas laver les tissus pelucheux (serviette éponge, par exemple) avec des vêtements qui attirent la charpie (velours, velours côtelé, vêtements foncés).

Lessive grisâtre • La température de l'eau est peut-être trop basse. Utilisez une eau de lavage chaude ou tiède qui n'endommagera

pas les tissus. Si votre eau est reconnue pour être dure, vous devrez utiliser plus de détergent. Les grosses souillures demandent aussi plus de détergent.

La période de séchage peut influencer la teinte de la lessive. Évitez de faire sécher des vêtements colorés avec du linge plus pâle.

Parfum • Lorsque vous lavez votre peignoir, vos couvertures ou votre couvre-lit, ajoutez à l'eau chaude du rinçage final une pincée de vos sels de bain préférés. Laissez vos tissus tremper une dizaine de minutes dans cette eau parfumée, puis procédez à l'essorage.

Liège

Les parquets de liège sont faciles à nettoyer. Un simple chiffon ou une éponge humide avec un produit de nettoyage pour le liège constitue un bon entretien. Les seules précautions à apporter au nettoyage sont de ne pas trop mouiller le sol et de ne jamais utiliser de javellisant.

On protège un tableau de liège en le nettoyant avec un linge humide imbibé de glycérine.

Limaces

Les coquilles d'œufs brisées grossièrement gênent les limaces qui veulent atteindre la base de vos plants. Répandez-en une bonne quantité dans le potager autour des plants.

Lime à ongles

Pour tout ce que vous avez à poncer légèrement, vous pouvez utiliser une lime à ongles.

Lin

Lavage • Les vêtements de lin blanc ou de couleur naturelle peuvent être mis à la machine (au cycle délicat), à l'eau tiède. Le lin de couleur doit, lui, être lavé à l'eau froide.

Les draps et nappes en lin peuvent supporter un lavage à la machine dans une eau chaude. Ce tissu vieillit bien : plus il est lavé, plus il devient doux et brillant.

On protège les vêtements pendant le lavage en les glissant dans une taie d'oreiller, que l'on referme avec un cordon. Retirez le vêtement de la machine à laver avant l'essorage. Il est préférable de le suspendre ou de l'étendre un moment sur une serviette pour le faire égoutter, mais pas jusqu'à ce qu'il soit sec, car le lin perdrait sa souplesse et deviendrait difficile à repasser.

Repassage • Il se fait à l'envers, avec un fer très chaud pour les lins épais, et à chaleur moyenne pour ceux plus légers. Après un bon repassage, laissez le vêtement sécher à l'air libre. Pour éviter un froissement trop rapide, vaporisez l'endroit d'amidon et humectez le vêtement avant de le repasser. Utilisez une pattemouille humide.

Comme le lin se froisse rapidement, ne paniquez pas au moindre faux pli. Votre entourage remarquera seulement que vous portez un vêtement de qualité et que vous n'êtes pas adepte du polyester...

Si vous partez en voyage, avant de glisser les vêtements de lin dans votre valise, recouvrez-les de papier de soie afin qu'ils soient moins froissés à l'arrivée.

Lingerie

Pour chasser une odeur de renfermé dans la lingerie, déposez-y une boîte de feuilles d'assouplissant textile ouverte. Le parfum qui se dégage restera fixé sur les tissus.

Les savonnettes, sans leur emballage, déposées dans la lingerie donnent aussi un air de propreté au linge qui y est entreposé.

Linoléum

On balaie un plancher de linoléum, et on le nettoie avec un chiffon humide et un nettoyant au pH neutre. Pour raviver un plancher dont les couleurs ont terni avec le temps, passez un chiffon imbibé

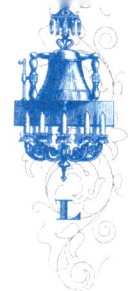

d'une solution composée d'un jaune d'œuf et d'un demi-litre d'eau. Laissez sécher sans rincer.

Livres

Si vous soupçonnez la présence d'insectes dans de vieux livres, déposez ces derniers dans un sac plastifié que vous rangerez au congélateur pour quelques jours. Les petits intrus ne survivront pas à ce traitement. Laissez ensuite aérer les livres dans un endroit frais pendant quelques jours afin qu'ils soient bien secs. Replacez-les dans la bibliothèque.

Livres moisis

Les traces de moisissures ne sont pas faciles à déloger. On peut les tamponner avec de l'eau oxygénée. Elles disparaissent aussi avec de l'eau de Javel, mais il faut ensuite tamponner rapidement à l'eau claire pour éviter le jaunissement du papier.

Avant d'entreposer des livres au sous-sol, glissez quelques briquettes de charbon de bois dans les boîtes. Elles absorberont l'humidité.

Pour faire disparaître les taches, spécialement de gras, sur les pages d'un livre, frottez avec de la mie de pain. Si vous désirez remettre en état une page déchirée, enduisez-la de blanc d'œuf et laissez sécher complètement, le livre bien ouvert.

Lunettes

Protégez les montants de vos lunettes au moment de la teinture des cheveux en les recouvrant tout simplement de papier d'aluminium.

Une goutte de vernis incolore sur les petites vis des lunettes les empêchera de se dévisser.

En cas d'urgence, glissez la pointe d'un cure-dent dans les deux ouvertures. Ça vous dépannera pour quelques heures.

Préparez ce mélange à conserver dans une petite bouteille pour empêcher la buée d'embrouiller votre vue. Mélanger 125 ml d'alcool méthylique et 10 ml de glycérine.

Quelques gouttes sur un chiffon doux suffisent pour nettoyer vos lunettes.

Lustres

Un bon époussetage au plumeau déloge les fils d'araignée et toute la poussière qui se dépose sur les lustres. On nettoie les globes et les luminaires à pendeloques avec un nettoyeur pour le verre.

Si retirer toutes les pendeloques vous semble un long travail, enfilez plutôt une paire de gants de coton blanc. Vaporisez le verre ou le cristal de produit nettoyant et servez-vous de vos mains pour les nettoyer et les faire reluire.

M

Machine à coudre

Après avoir huilé une machine à coudre, il est plus prudent de faire une couture dans un essuie-tout afin qu'il absorbe le surplus de lubrifiant qui, autrement, souillerait la première pièce de tissu que vous piquerez.

Machine à laver

La buanderie dégage généralement un parfum de fraîcheur grâce aux produits qui y sont entreposés. Mais pour empêcher votre machine à laver de sentir le renfermé, saupoudrez un peu de bicarbonate de soude après le lavage et laissez le couvercle du lave-linge entrouvert afin que l'air circule.

On nettoie la machine à laver en la faisant fonctionner au cycle régulier et en ajoutant 250 ml de vinaigre à l'eau tiède.

Pas toujours facile de déloger les résidus de savon dans les endroits difficiles d'accès de la machine à laver ! La brosse à dents est idéale pour les atteindre et pour nettoyer le filtre central.

Si vous avez mis trop de savon dans la machine à laver, la mousse commencera à déborder. Versez un verre de vinaigre dans la lessiveuse, et vous verrez la mousse se résorber.

Si vous utilisez une machine à laver dans un lavoir public, vous tenez à ce qu'elle soit parfaitement propre et désinfectée. Nettoyez les contours intérieurs de la laveuse avec un rince-bouche antiseptique. Vous pouvez aussi ajouter 125 ml de ce rince-bouche à votre brassée pour tuer les germes qui pourraient provenir des draps ou des vêtements d'une personne malade.

Magnétoscope

Pour éliminer la poussière et la saleté, les ensembles de nettoyage pour magnétoscope que l'on trouve dans les boutiques spécialisées prolongent la durée de vie de l'appareil et assurent une bonne qualité d'image. Utilisez de longs cotons-tiges de bois et de l'alcool à friction pour nettoyer les têtes audio et vidéo. Prenez garde de ne pas verser directement d'alcool ou de liquide nettoyant sur ou dans l'appareil.

Maillot de bain

Les produits qui endommagent un maillot de bain sont, bien entendu, le sel, le chlore, les autres produits chimiques et l'huile solaire. Après la baignade, il faut donc rincer le costume sous l'eau du robinet en prenant bien soin d'enlever tous les résidus de sable et de sel qui se logent facilement dans les bandes élastiques. Lavez-le occasionnellement à la main (jamais dans la lessiveuse, même au cycle délicat et, bien sûr, jamais de sécheuse).

Utilisez un détergent liquide pour tissus délicats. Suspendez-le à l'intérieur de la maison pour le faire sécher. Évitez la corde à linge et les rayons du soleil. Le maillot doit être complètement sec avant d'être rangé.

Mangeoire d'oiseaux

Vous cherchez un truc économique et rapide pour attirer les oiseaux dans votre jardin ? Percez deux trous dans la partie supérieure d'un tube cartonné de papier essuie-tout ; enfilez-y une corde, qui servira à suspendre le tube. Roulez ensuite le tube cartonné dans du miel ou du beurre d'arachide, puis dans un assortiment de graines pour oiseaux. Suspendez dehors, sous une corniche, à l'abri de la pluie et de la neige.

Vous pouvez aussi conserver le gras de cuisson de toutes vos viandes. Récupérez le gras dans un récipient et, lorsque la quantité est suffisante, ajoutez-y des morceaux de pain rassis et des graines de tournesol. Puis, avec les mains, formez une boule que vous glisserez dans un filet. Laissez refroidir complètement avant de suspendre à une branche d'arbre.

Marbre

Un sol de marbre se nettoie avec de l'eau additionnée de détergent à vaisselle liquide ou d'un savon neutre comme le savon Murphy.

Malgré ce qu'en dit la croyance populaire, le jus de citron et le vinaigre ne sont pas de bons nettoyants pour le marbre. Leur acidité ronge la surface de cette pierre, qui perdra son lustre.

Ce qui serait désastreux pour le marbre serait de le laver avec de d'eau de Javel ou de l'éclabousser d'eau de Javel. Si un accident arrive, rincez immédiatement à l'eau claire.

Le marbre légèrement fissuré peut être réparé. Dans la fissure, versez un peu de paraffine chaude que vous laisserez sécher. Enlevez

l'excédent avec une spatule. Passez un chiffon doux imbibé de glycérine pour faire briller le marbre de nouveau et rendre cette réparation invisible.

Marteau

Pas toujours facile de clouer sans se taper sur les doigts ! Piquez le clou dans un morceau de carton que vous tiendrez. Retirez le carton aussitôt que le clou est bien enfoncé.

Il est toujours préférable de percer un petit trou avec un petit clou plus fin avant d'enfoncer un clou plus gros.

Mastic

Si vos vitres vibrent, c'est signe qu'il faut changer le mastic qui est devenu trop sec et qui n'amortit plus les petits bruits.

Pour enlever le mastic d'un carreau, trempez un bout de chiffon dans l'ammoniaque et humectez le mastic tout autour de la vitre. Quelques minutes suffiront pour l'amollir.

Pour lisser le mastic que vous venez de poser sans laisser aucune marque, utilisez un bout de carotte ou de pomme de terre pour terminer le travail.

Après usage, conservez le mastic plus longtemps en le couvrant avec une feuille de papier ciré avant de refermer le couvercle du pot.

Matelas

Pour rafraîchir un matelas, saupoudrez-le de bicarbonate de soude. Laissez reposer une vingtaine de minutes avant de le nettoyer avec l'aspirateur. Répétez l'opération en le retournant de l'autre côté. On pense au matelas, mais on a tendance à oublier le sommier qui doit aussi être dépoussiéré. Utilisez l'aspirateur et au besoin le bicarbonate de soude.

Si vous avez vraiment besoin de laver un matelas, utilisez un shampooing pour les meubles en tissu. Laissez bien sécher et aérer pour ne pas créer un problème d'humidité par la suite.

Les taches d'urine sur les matelas sont les plus fréquentes. Nettoyez-les le plus rapidement possible, pendant qu'elles sont humides et avant qu'elles pénètrent dans le matelas.

Lavez le matelas avec la préparation suivante : 5 ml de détergent à vaisselle liquide (ou pour lave-vaisselle) dans 250 ml d'eau chaude. Appliquez ce mélange sur les cernes et recouvrez-les d'une serviette éponge. Pressez fortement entre chaque application ; rincez ensuite à l'eau claire.

Après avoir bien nettoyé le matelas, laissez-le sécher, à l'extérieur si possible, car les rayons de soleil ont un pouvoir désinfectant.

Mélangez une part de vinaigre dans deux parts d'eau : cette préparation élimine les contours du cerne qui a bruni en séchant.

Avant de recouvrir le matelas, saupoudrez de bicarbonate de soude. Par temps humide, si certaines odeurs se dégagent, retirez les draps, passez l'aspirateur et saupoudrez de nouveau du bicarbonate de soude.

Matelas d'eau

Nettoyez-le avec du savon à vaisselle liquide et de l'eau chaude. Par la suite, le matelas doit être bien rincé et séché. Une housse en protégera le vinyle extérieur. Une fois l'an, il faut ajouter un conditionneur à l'eau, qui ne doit cependant pas être changée. Ce conditionneur, que vous pouvez vous procurer dans tous les magasins où l'on vend des lits d'eau, protégera le vinyle intérieur, plus sujet à la détérioration que l'extérieur.

Mauvaises herbes

Versez du vinaigre, du gros sel ou de l'eau bouillante sur les mauvaises herbes entre les dalles du patio pour vous en débarrasser.

On peut aussi arroser les mauvaises herbes, deux fois en 24 heures, avec de l'eau de Javel.

Pour éliminer les chardons, coupez-les au ras du sol et répandez du gros sel. Ensuite, vaporisez-les avec une petite quantité d'eau.

L'eau de cuisson des pommes de terre, lorsqu'elle est encore chaude, est magique pour éliminer les petites pousses entre les dalles de jardin.

Évitez tous ces traitements s'il y a risque de pluie. Attendez les belles journées ensoleillées.

Mélangeur

Inutile de démonter le mélangeur après chaque utilisation. Remplissez-le d'eau chaude, ajoutez une ou deux gouttes de détergent à vaisselle liquide et faites-le fonctionner quelques secondes. N'oubliez pas de bien le rincer avant de le ranger.

Ménage ultrarapide

Si de la visite s'annonce à l'improviste et que vous n'avez pas le temps de faire le ménage, demandez à tous les membres de la famille de faire le tour des pièces et de ramasser ce qui traîne. Au pire, rangez le tout dans un grand sac-poubelle, quitte à faire le tri plus tard.

Passez rapidement à la salle de bains : changez les serviettes et les essuie-mains, puis passez un linge sec ou une éponge sur le comptoir et dans le lavabo.

Vérifiez s'il y a suffisamment de cintres dans la garde-robe de l'entrée.

Passez un linge humide sur la cuisinière, rangez la vaisselle sale dans le lave-vaisselle ou dans un panier sous l'évier. Recouvrez la table d'une nappe propre.

Vous n'avez pas le temps d'épousseter.

Si vous avez deux minutes, allumez un feu dans le foyer pour attirer l'attention, sinon quelques bougies ou une lumière tamisée créeront l'atmosphère que vous souhaitez.

Meuble à déplacer

Si un meuble est trop lourd pour être déplacé à bout de bras, glissez un couvercle de pot de conserve sous chaque pied et le tout glissera sur le sol ou sur le tapis sans problème.

Meubles de cuir

Frottez vos meubles de cuir avec une brosse douce et du lait écrémé. Essuyez. Le lait enlèvera aussi les taches de stylo à bille.

Meubles de jardin

Le meilleur truc pour nettoyer les meubles en résine de synthèse reste de les frotter délicatement avec un nettoyeur de type Fantastic ou Vim et un tampon en acier inoxydable, et non une laine d'acier utilisée dans les cuisines. Prenez soin de ne pas frotter en décrivant des cercles : cela pourrait rayer la résine.

La laveuse à pression nettoie bien les meubles de patio.

Après un bon nettoyage des meubles en vinyle et en PVC, appliquez sur leur surface une couche de cire utilisée pour les bateaux. Ils resteront beaux plus longtemps.

Si vous devez réparer un accroc à un parasol ou à une chaise de jardin en tissu, utilisez de la soie dentaire cirée. Très tenace, elle saura résister aux intempéries.

Meubles de velours (VOIR AUSSI VELOURS)

Redonnez temporairement au velours son apparence première en brossant les fibres aplaties à rebrousse-poil. Utilisez une brosse à poils doux ou mi-durs selon la résistance du tissu. Utilisez la petite brosse de l'aspirateur pour dépoussiérer le velours. Vous pouvez également passer une peau de chamois humide pour raviver le velours.

La vapeur redresse aussi ces fibres. Passez le fer à repasser à quelques centimètres au-dessus du tissu en laissant la vapeur l'imprégner. Utilisez ensuite une brosse à poils doux. Il ne faut jamais repasser le velours, il risquerait de ternir.

On fait disparaître les souillures sur du velours de coton ou en matière synthétique avec de l'eau savonneuse ou de l'eau claire. Un mélange d'eau et d'ammoniaque à parts égales enlève les taches rebelles. Faites un essai sur un bout de tissu non apparent avant de nettoyer le meuble complètement.

Les meubles doivent être dépoussiérés régulièrement avec la brosse rigide de l'aspirateur ou avec une brosse ordinaire à poils mi-durs.

Meubles et boiseries

Mélangez 30 ml d'huile d'olive et 30 ml de vinaigre de cidre à 2 litres d'eau chaude. Imbibez un linge doux de cette potion magique. Essorez jusqu'à ce que le linge vous semble presque sec. Frottez les meubles et boiseries, et polissez-les ensuite avec un linge doux et sec. Ce mélange, en plus de nourrir le bois, permet de cacher les petites éraflures.

La cire d'abeille demeure encore le meilleur poli pour vos boiseries.

Après le polissage avec la cire de votre choix, saupoudrez un linge de fécule de maïs et frottez le meuble.

Le surplus de cire sera absorbé et le fini sera toujours aussi brillant.

Pour faire disparaître des taches d'eau sur un meuble ciré, utilisez un chiffon imbibé de lait chaud et frottez avec un autre linge doux ou de laine. Polissez ensuite avec votre cire habituelle.

Bois sculpté • Voici une bonne recette pour polir les meubles dont certains orifices sont difficiles à atteindre.

Versez dans une bouteille 250 ml d'huile de lin bouillie, 125 ml de térébenthine, 125 ml de vinaigre et 125 ml d'alcool dénaturé. Bouchez bien et remuez vigoureusement avant l'emploi. Appliquez à l'aide d'un petit pinceau en soie et polissez avec un chiffon doux.

Brûlures • Une petite marque de brûlure de cigarette sur un meuble en bois disparaît en la frottant avec de la mayonnaise. Frottez ; laissez agir 20 minutes avant de polir le meuble.

Pour une brûlure plus marquée, poncez légèrement la partie noircie puis appliquez une teinture liquide de la couleur du meuble ou encore utilisez un crayon teint. Polir et, au besoin, revernir le meuble.

Cernes • Pas facile de faire disparaître les cernes tenaces laissés par les verres et les plats chauds... Voici quelques recettes maison qui vous aideront à entretenir vos meubles.

Préparez un mélange d'huile d'olive et de sel. Laissez le bois s'imbiber de la solution pendant deux heures avant d'essuyer et de polir.

Les cernes blancs laissés par l'eau disparaissent si vous les frottez avec un linge doux et de la mayonnaise mêlée à de la cendre de cigarette. Le jus de citron, le vinaigre ou les cendres de cigarette enlèvent aussi les taches blanchâtres.

Une tache plus tenace disparaît avec du dentifrice et du bicarbonate de soude.

Après avoir nettoyé vos meubles, un bon cirage s'impose.

Éraflures • On peut camoufler de légères éraflures sur les meubles à l'aide d'un stylo-feutre, d'un crayon de cire ou d'un crayon de la teinte appropriée. Un chiffon doux imbibé d'un mélange d'huile de lin et de térébenthine à parts égales fait aussi disparaître les égratignures.

Meuble laqué • Le lait suri appliqué avec un chiffon doux nettoie les meubles laqués, qu'il faut ensuite polir avec une peau de chamois.

Des rondelles de pomme de terre crue enlèvent les traces de doigts.

Meuble verni • Si un meuble semble terne et délavé, préparez une solution composée à parts égales de térébenthine et d'huile d'olive. Imbibez-en un linge doux et frottez toute la surface du bois.

Miroirs

Buée • Pour empêcher le miroir de la salle de bains de s'embuer, vaporisez de l'eau tiède savonneuse dessus. Laissez sécher partiellement et séchez avec des journaux. Le miroir sera brillant et s'embuera beaucoup moins facilement. Opération à répéter régulièrement.

On évite la buée sur le miroir de la salle de bains en le nettoyant avec un chiffon imbibé de glycérine ou en le frottant avec un savon sec. N'utilisez pas de chiffon de flanelle.

Avant le bain, pour éviter la formation de buée, faites couler un peu d'eau froide dans la baignoire avant l'eau chaude.

La chaleur d'un séchoir à cheveux enlève la buée sur un miroir en quelques secondes.

Nettoyage • On peut laver les miroirs avec une solution composée de quelques gouttes de shampooing diluées dans un seau d'eau chaude.

L'eau vinaigrée a le pouvoir d'enlever les taches de calcaire sur les miroirs. Après avoir frotté avec ce mélange, rincez à l'eau claire et séchez avec du papier journal roulé en boule.

Pour un grand lavage de miroirs, ajoutez un peu d'empois à l'eau de lavage afin d'enlever la saleté accumulée et faire briller de nouveau.

On enlève les résidus de laque sur les miroirs avec de l'alcool à friction.

On peut faire revivre un miroir terne en le frottant avec un linge imbibé de thé froid.

Mitaines pour le four

Elles sont usées, tachées, et vous venez d'en acheter une nouvelle paire. Ne les jetez pas ! Elles seront utiles au printemps pour les travaux de jardinage ou pour le nettoyage à l'extérieur. Idéales pour rempoter les cactus, qui ne laisseront pas vos mains endolories. Elles protégeront vos mains du froid lorsque vous nettoierez l'intérieur du congélateur, ou de la chaleur lorsque vous les utiliserez pour récurer le four.

Mites

Les mites sont reconnues pour leur appétit vorace, particulièrement pour les lainages et les fourrures. La meilleure prévention contre les mites est de ranger les vêtements fraîchement lavés, sans taches et complètement séchés. Évitez de ranger votre boîte de tricots dans un endroit humide, comme le sous-sol.

Avant de ranger les lainages et les vêtements d'hiver dans la penderie, placez-y un bocal rempli de clous de girofle ou d'écorces de citron séchées : les mites détestent ces odeurs. Curieusement, les mites détestent également l'odeur de l'encre d'imprimerie. Donc, déposez quelques journaux au fond de la boîte où vous rangez vos tricots et lainages.

La térébenthine est une autre odeur qui déplaît aux mites. Imbibez-en un tampon d'ouate et déposez-le dans un coin de la lingerie.

Les copeaux de cèdre ou le coffre en cèdre éloignent les mites.

Mohair

Lavez les chandails de mohair à l'envers dans de l'eau additionnée de shampooing pour bébé.

Placez un tricot de mohair une heure au congélateur avant de le porter. Il ne perdra pas ses fibres.

Si votre pull perd vraiment trop ses poils, vaporisez à bonne distance un peu de fixatif à cheveux avant de l'enfiler. N'oubliez pas que vous devez vaporiser superficiellement et non détremper le vêtement.

Montre

Si de la buée s'est formée à l'intérieur du verre de votre montre, appuyez l'objet contre votre peau et attendez quelques minutes. Au contact de la chaleur du corps, la buée devrait se dissiper. Si le problème persiste, utilisez un séchoir à cheveux pour assécher complètement le mécanisme.

Mouches

Si les petites mouches visiteuses ont laissé des traces sur vos vitres, moustiquaires et meubles, il suffit de les faire disparaître avec une éponge imbibée d'eau de cuisson de quelques oignons que vous avez fait bouillir.

Mouches à fruits

Fréquentes dans la maison durant la saison chaude, vous les éliminerez en plaçant une gousse d'ail dans le plateau de fruits ou en déposant un tampon d'ouate imbibé d'huile d'eucalyptus dans la pièce.

Mouffettes

Si vous avez eu la malchance d'être aspergé par cet animal, le jus de tomate atténue l'odeur désagréable. Le jus de tomate est aussi efficace pour laver les animaux dans les mêmes circonstances.

Pour éliminer les odeurs repoussantes du pelage de votre animal de maison qui a fait une mauvaise rencontre, lavez l'animal avec cette potion en évitant d'en appliquer près des yeux : mélangez 500 ml (2 tasses) de peroxyde à 3 %, 60 ml (4 c. à soupe) de bicarbonate de soude et 5 ml (1 c. à thé) de savon liquide à vaisselle. Rincez abondamment sous l'eau. L'odeur diminuera immédiatement.

Mousse de sécheuse

Un truc économique pour rembourrer les poupées et animaux fabriqués à la maison : utilisez la mousse qui se dépose dans le filtre à charpie de la sécheuse. Ces rebuts provenant des vêtements frais lavés peuvent être utilisés sans problème.

Mousse ou charpie de papier-mouchoir
(VOIR SÉCHEUSE)

Mousse savonneuse

Si vous avez un problème de mousse savonneuse qui s'accumule dans la cuve à laver, le lavabo ou la baignoire lorsque vous faites votre lessive, c'est tout simplement que l'air déplace la mousse vers le renvoi le plus près de la machine à laver ou vers celui qui est le plus accessible. Pour l'éliminer, il suffit de se laver les mains avec une savonnette au-dessus de la mousse, qui disparaîtra instantanément.

Mousse verte (ROCAILLE)

Si vous désirez avoir de la mousse verte dans votre rocaille ou entre les dalles d'une allée, badigeonnez avec un pinceau et du yogourt nature les pierres ou les interstices entre les dalles. En peu de jours, vous verrez apparaître une belle mousse.

Moustiquaires

On aspire les saletés et les mousses avec l'aspirateur. On peut aussi utiliser un sèche-cheveux pour déloger les mousses ou le pollen de pissenlit qui y adhèrent facilement au printemps.

Les moustiquaires métalliques peintes avec une peinture blanche appliquée en une couche mince vous protègent des regards indiscrets. En effet, on ne pourra distinguer ce qui se passe dans la

maison, tandis que de l'intérieur vous aurez une visibilité parfaite sur l'extérieur.

On peut réparer un petit trou dans une moustiquaire avec la colle époxy. Pour une déchirure, on utilise du fil à pêche ou du fil métallique. Pour boucher un trou plus important, on colle un morceau légèrement plus grand que l'ouverture.

Murs

Camouflage • Après avoir décroché un tableau ou un objet décoratif du mur, voici un truc pour boucher les petits trous sans avoir à repeindre toute la surface. Passez un crayon de cire d'une couleur semblable à celle du mur à quelques reprises sur les trous. Polissez ensuite le tout avec un linge sec.

On peut aussi boucher un trou indésirable en le remplissant de pâte dentifrice blanche. Laissez sécher avant d'enlever le surplus avec un linge humide.

Un simple cachet d'aspirine dilué dans un peu d'eau peut camoufler un trou laissé par un clou dans le mur. Tassez la pâte dans le trou avec un cure-dent.

Marques de crayon • On peut enlever les marques de crayon sur les murs avec du dentifrice, de la laque pour cheveux ou même de la térébenthine. Imbibez un chiffon et frottez délicatement pour ne pas délaver la peinture.

Choix de peinture • Lorsque vous peignez les murs intérieurs de la maison, n'oubliez pas que les couleurs foncées sur les murs laissent paraître tous les défauts (fentes, trous, surfaces inégales…) tandis qu'une couleur claire les atténuera. Généralement, on choisit des couleurs plus claires pour les pièces que l'on utilise le jour et qui bénéficient d'un éclairage naturel, tandis que les couleurs plus sombres conviennent bien aux pièces utilisées le soir et qui bénéficieront d'un éclairage tamisé.

N

Nappes

Dentelle • Vos vieilles nappes sont rangées et vous désirez les utiliser ? Dépoussiérez-les sans les abîmer en les lavant à la main dans de l'eau tiède avec un savon pour vêtements délicats ou à base de glycérine. Sont-elles tachées ? Enroulez les dentelles autour d'une bouteille de verre avant de les plonger dans l'eau pendant environ une heure. Rincez-les bien, égouttez-les sans les tordre et laissez-les sécher à plat en les étirant légèrement pour leur donner la forme désirée. Repassez l'envers des nappes après les avoir étendues sur une serviette éponge pour éviter d'écraser les motifs. Glissez le fer du centre vers l'extérieur pour que les dentelles retrouvent leur belle apparence.

Rangement • Les longs tubes cartonnés des papiers d'emballage sont pratiques pour enrouler les nappes et les napperons qui se froissent facilement. Rangez-les dans un coin de la lingerie, et le tour est joué !

Nicotine

On enlève les taches de nicotine sur les doigts avec de la pâte dentifrice (et non du gel !), du jus de citron ou un mélange d'eau et d'eau de Javel.

Nœuds du bois

Empêchez la résine de s'écouler des nœuds lors des travaux de peinture en les recouvrant au préalable d'une couche de gomme-laque ou d'une peinture aluminium lorsque vous utilisez une peinture opaque.

Nylon jauni

Faites tremper le vêtement dans l'eau froide additionnée de vinaigre blanc (une partie de vinaigre pour cinq parties d'eau) pendant quelques heures. Lavez le vêtement et suspendez-le pour le faire sécher à l'ombre.

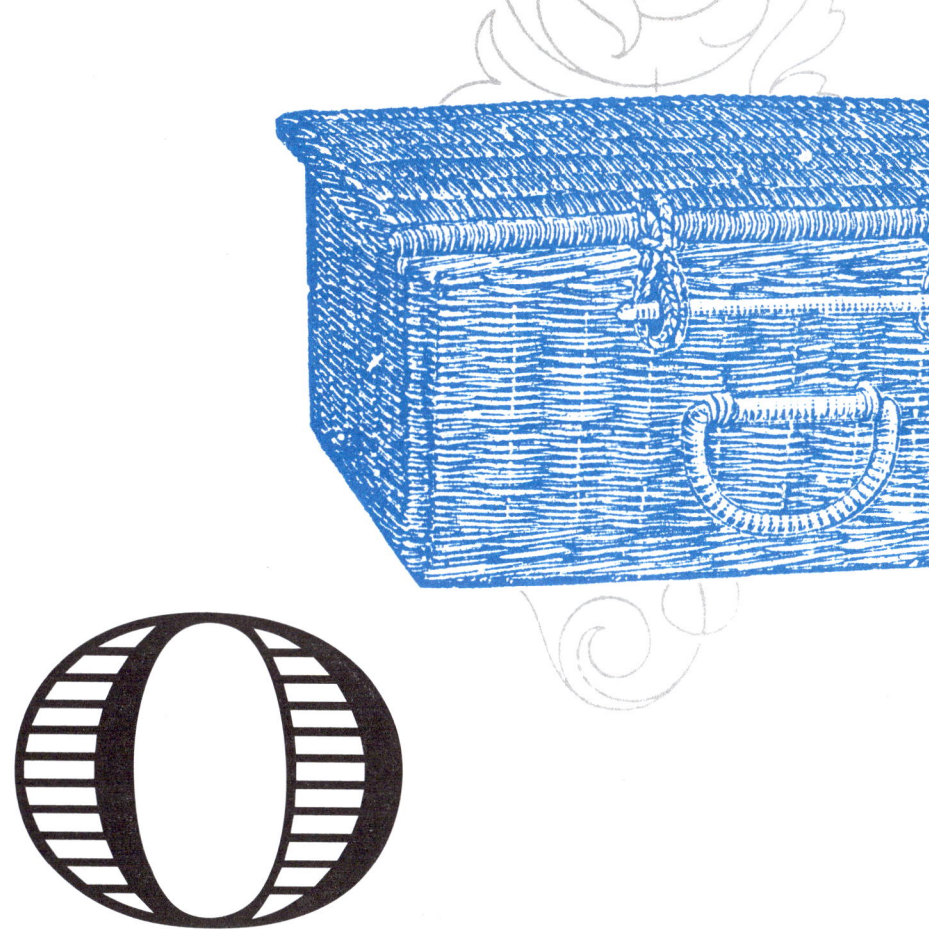

Odeurs

Dans la cuisine • Lorsque vous faites cuire du navet, du chou, du brocoli ou encore du chou-fleur, posez un chiffon imbibé de vinaigre de cidre sur le couvercle de la casserole pour éliminer les relents.

Si, après avoir cuisiné, des odeurs tenaces imprègnent la maison, faites chauffer sur le feu de la cuisinière de la cannelle, des branches de thym, de sauge ou de romarin dans de l'eau. En peu de temps, votre maison sera parfumée, et le nettoyage sera très facile.

Si une mauvaise odeur empeste votre maison, faites bouillir un peu de vinaigre blanc dans une casserole, sans couvrir.

Dans la salle de bains • Si votre salle de bains est munie d'une fenêtre, profitez-en pour faire pousser, sur le rebord, un plant de citronnelle afin de chasser les petites odeurs qui ne doivent pas envahir les lieux. Vous pouvez aussi chasser les mauvaises odeurs de la salle de bains en laissant brûler quelques allumettes que vous frottez, secouez, puis jetez dans la cuvette des toilettes. Elles sont aussi efficaces que le désodorisant en aérosol.

Dans le sous-sol • Les éponges ont aussi la particularité d'absorber les odeurs. Pour éliminer une odeur tenace dans une petite pièce, une penderie, un cabanon, suspendez-y quelques éponges mouillées et laissez-les sécher complètement. Vous pouvez répéter l'opération après avoir lavé les éponges dans une eau savonneuse.

Odeur de cigarette

C'est le party ! Si vous souhaitez éviter les désagréables odeurs de cigarettes, déposez, dans le fond des cendriers, un peu de sable humide et des herbes de Provence. Les odeurs des mégots seront absorbées, et les herbes parfumeront légèrement la pièce.

Odeur de moisi

Déposez dans la pièce une boule d'ouate imbibée de camphre et d'alcool de bois. Laissez sécher la ouate sur le rebord de la fenêtre ouverte.

Le charbon de bois est généralement efficace pour éliminer les odeurs de moisi dans un meuble, une armoire. Il suffit d'y déposer un récipient ou un petit bol sans couvercle contenant quelques charbons.

Odeur de peinture

Placez au centre de la pièce que vous avez terminé de peindre un seau d'eau dans lequel vous aurez ajouté quelques tranches d'oignon. Une nuit suffit pour faire disparaître l'odeur.

On peut aussi déposer une soucoupe remplie de lait ou de vinaigre bouillant au milieu de la pièce fraîchement peinte.

Odeur de renfermé

Si les vêtements rangés dans la penderie dégagent une odeur de renfermé, remplissez une petite boule à thé de lavande. Déposez-la dans la penderie et le problème sera réglé en quelques jours.

Vous pouvez aussi déposer dans la penderie, le meuble ou la valise dégageant une odeur de renfermé un bol rempli de litière pour chats. Laissez agir quelques jours et, au besoin, répétez l'opération.

Odeurs sur les mains

Le citron élimine les odeurs de peinture sur les mains ; vous n'avez qu'à les rincer dans une eau fortement citronnée.

Le simple fait de frotter vos mains sur le rebord d'un évier en acier inoxydable éliminera toutes les odeurs.

On trouve aussi dans les magasins un savon en acier inoxydable qu'il suffit de frotter entre les mains.

Ongles

On nettoie les ongles jaunis en les brossant avec de la pâte dentifrice, du bicarbonate de soude ou du jus de citron.

Les taches noires se nettoient avec un coton-tige trempé dans l'eau oxygénée.

Opale

L'opale déteste l'eau. Il suffit de la polir avec une peau de chamois pour la rendre étincelante.

Ordinateur

Eh non ! Il ne faut pas nettoyer votre écran et votre clavier avec votre nettoyeur à vitres. L'eau est également à déconseiller, car elle peut s'infiltrer à l'intérieur de votre ordinateur. Utilisez plutôt un chiffon imbibé de liquide nettoyant antistatique, vendu chez le marchand de matériel informatique. Pour enlever la poussière entre les touches du clavier, utilisez l'aspirateur ou un coton-tige trempé dans la solution nettoyante.

Oreillers

Pour dépoussiérer un oreiller, glissez-le dans un grand sac plastifié. Enfilez-y l'embout de l'aspirateur. Refermez le sac hermétiquement avec une ficelle et, quelques secondes après la mise en marche de l'aspirateur, toute la poussière aura été aspirée.

Si, au lever, vous vous retrouvez couvert de duvet, c'est peut-être que votre oreiller perd des plumes ! Remédiez au problème en badigeonnant le tissu d'eau amidonnée, appliquée au pinceau ; elle resserrera les fibres du tissu. De l'amidon en aérosol peut aussi vous dépanner.

On peut laver les oreillers en duvet à la machine dans une eau tiède, mais il faut réduire le temps d'essorage. Laissez-les sécher à plat pendant quelques heures. Terminez le séchage à la machine à basse température.

Il n'est pas recommandé de laver trop souvent les oreillers, qui doivent cependant être toujours bien protégés par les enveloppes et taies d'oreiller. Par contre, si vous désirez les rafraîchir, faites-les tourner dans la sécheuse à air froid pendant une vingtaine de minutes. Les oreillers de plume ou rembourrés de produits synthétiques retrouveront leur apparence originale et dégageront un parfum de fraîcheur.

Pour faire sécher les oreillers dans la sécheuse, glissez trois ou quatre balles de tennis dans l'appareil.

Les balles, en rebondissant, répartiront le duvet ou la bourre également.

Osier

Une eau fortement salée nettoie les objets en osier et en vannerie. Essuyez ensuite avec un linge doux. Ce traitement prévient aussi le jaunissement. Passez ensuite un chiffon imprégné d'huile de lin.

La méthode la plus rapide pour nettoyer l'osier et le rotin est d'utiliser l'embout de l'aspirateur réservé au dépoussiérage. Si la poussière demeure entre les tressages de l'osier, vaporisez de l'eau froide et épongez immédiatement la saleté délogée avec un tissu absorbant.

Il est possible de redresser un cannage affaissé.

Retournez la chaise à l'envers, mouillez le rotin avec de l'eau bouillante. Recouvrez d'un tissu éponge et déposez un objet assez lourd sur le tissu (par exemple, un dictionnaire). Laissez reposer quelques heures dans un endroit chaud, mais non au soleil, afin que le rotin sèche rapidement.

Ouvre-boîte électrique

Voici un accessoire qui n'est pas toujours bien nettoyé et qui regorge de germes. Utilisez une vieille brosse à dents et un peu d'eau chaude savonneuse pour un bon nettoyage.

Vaporisez la mécanique d'huile végétale pour faciliter le fonctionnement de l'appareil et le prochain nettoyage.

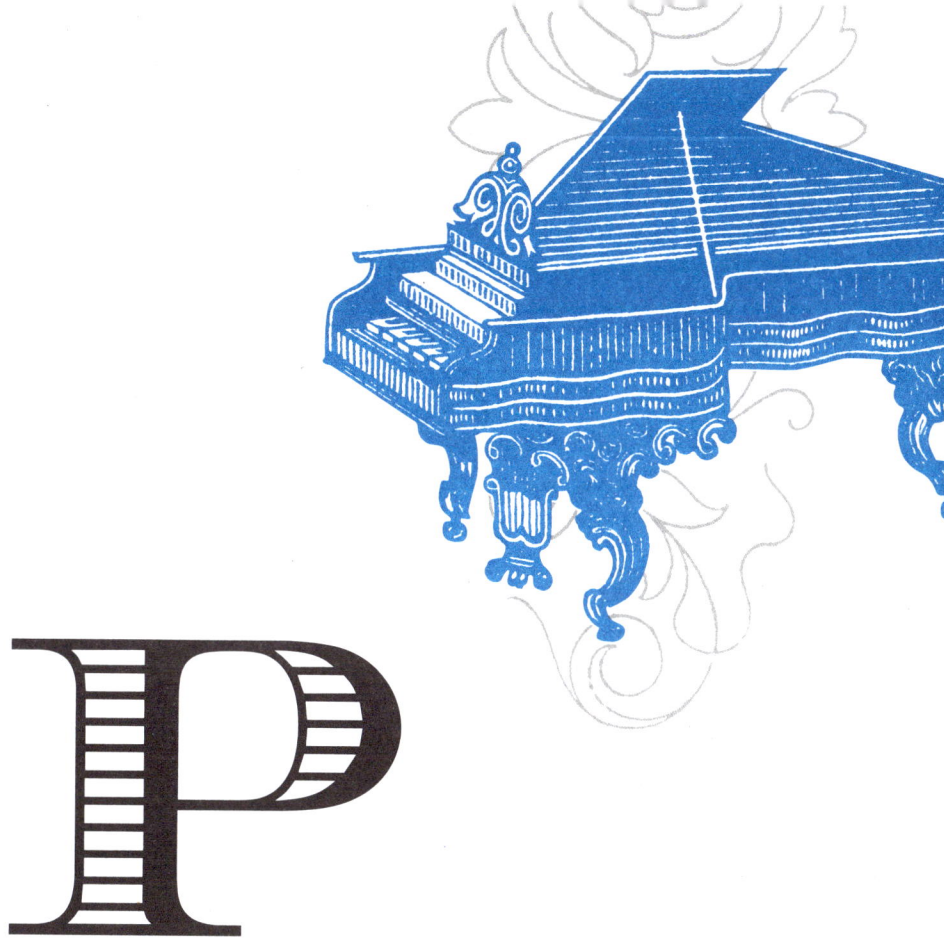

P

Paillettes

Avant de ranger un vêtement recouvert de paillettes dans un papier de soie foncé, saupoudrez-le de talc.

Les paillettes resteront flexibles. Avant de porter le vêtement, vous n'avez qu'à le secouer énergiquement.

Placez-le ensuite sur un cintre dans la salle de bains lorsque vous prenez une douche. La vapeur redonnera forme au vêtement.

Panier à lessive

Déposez dans le fond de votre panier qui recueille le linge sale quelques feuilles d'assouplissant textile, vous éliminerez les mauvaises odeurs.

Saupoudrer du bicarbonate de soude au fond du panier à lessive élimine aussi les mauvaises odeurs dégagées par les vêtements sales.

Le meilleur truc est de ne pas trop retarder à faire votre lessive. Le temps presse !

Pansement

L'huile d'olive permet de retirer rapidement un pansement collé à la peau. Humectez-le d'huile d'olive et laissez agir quelques minutes avant de le retirer.

Pantalons

Enlever le luisant • Des pantalons rendus luisants par l'usage, c'est vraiment affreux, surtout quand ils sont de couleur foncée.

Pour remédier à ce problème, versez de l'eau et un peu de vinaigre dans un bol et imbibez de ce mélange toutes les parties luisantes du tissu. Couvrez ensuite d'un linge de coton et repassez le vêtement.

Lavage • Lorsque vous lavez des jeans ou des pantalons en velours, uni ou côtelé, retournez-les. Ils s'abîmeront moins, conserveront leur couleur originale plus longtemps et ne seront pas couverts des rayures blanchâtres qui apparaissent l'hiver, lorsque l'eau du lavage est très froide.

Pli durable • Pour un pli à toute épreuve, repassez le vêtement à la vapeur puis tournez-le à l'envers. Passez une chandelle (éteinte, bien sûr !) tout le long du pli. Retournez les pantalons à l'endroit et repassez-les de nouveau.

Le pli sera plus résistant aux froissements. Cette méthode est efficace pour tous les tissus synthétiques qui n'exigent pas de repassage, mais dont le pli n'est pas bien défini.

Lors du rangement, ne pliez pas le pantalon sur un cintre. À défaut d'un cintre pour suspendre le pantalon, recyclez un rouleau vide

d'essuie-tout. Coupez-le sur la longueur. Enfilez-le sur un cintre régulier et solidifiez le tout avec du papier adhésif. Vos pantalons ne présenteront pas de faux pli.

Papier cellophane

Pas facile de couper un bout de papier cellophane collé au rouleau ! Assez enrageant !

Rangez la boîte au réfrigérateur une quinzaine de minutes et vous pourrez emballer tous les produits que vous voudrez.

Papier peint

Choix • Avant de choisir votre papier peint, souvenez-vous qu'un motif foncé sur un fond pâle agrandit une pièce, alors qu'un motif pâle sur un papier foncé referme l'espace.

Un papier peint à trame horizontale agrandit en apparence une pièce trop petite.

Déchirure • Si vous avez conservé un reste de papier peint, vous pouvez réparer cette gaffe très simplement. Découpez un morceau de papier peint plus grand que la déchirure en agençant les motifs. Posez-le sur le trou et maintenez-le en place avec un ruban adhésif ou de la gommette. Utilisez un couteau universel (Exacto) pour découper un carré ; appuyez fermement pour trancher les deux épaisseurs de papier (le neuf et l'ancien).

Retirez le carré abîmé et encollez le nouveau. La réparation sera presque invisible.

Retrait • Voici une bonne solution que vous pouvez préparer pour enlever le papier peint. Mélangez deux parties d'eau chaude à une partie d'assouplissant liquide pour tissus. Versez dans une bouteille en aérosol et vaporisez le papier peint pour bien le détremper. Laisser agir 20 minutes avant de gratter le papier peint, qui s'enlèvera très facilement.

Si un morceau de papier est plus difficile à décoller, placez un chiffon humide sur cette partie et appuyez votre fer à repasser très chaud sur le chiffon. La vapeur fera décoller le papier peint.

Pour enlever tout le vieux papier peint, mélangez une partie de vinaigre à deux parties d'eau chaude.

Appliquez cette solution sur le papier peint avec un rouleau à peinture. Répétez l'opération deux ou trois fois pour bien imbiber le papier, qui s'enlèvera plus facilement.

Nettoyage • En cuisinant, vous avez éclaboussé de graisse le papier peint et vous ne savez pas comment faire disparaître ces cernes gras ? Couvrez la tache d'un papier buvard ou d'un papier absorbant et appliquez un fer chaud. Répétez l'opération jusqu'à ce que la tache disparaisse.

La poudre pour bébés absorbera rapidement une tache graisseuse sur le papier peint. Il suffit d'en saupoudrer sur la tache, de laisser le talc agir quelques minutes et d'essuyer avec un linge sec.

Quelques gouttes d'eau de Javel dans de l'eau tiède nettoieront un papier peint sale et défraîchi.

Pour venir à bout des marques de crayon, utilisez simplement une gomme à effacer ou de la mie de pain.

Par contre, les graffitis des enfants faits avec des crayons de cire demandent une autre technique. Utilisez votre séchoir à cheveux pour amollir la cire, qui s'enlèvera alors facilement avec un essuie-tout. Lavez ensuite avec un savon doux.

Pose • Mouillez toute la surface que vous désirez revêtir de papier peint. Le mur absorbera plus lentement l'eau qui se trouve ensuite sur les laizes. Il ne faut pas trop mouiller le papier peint épais, qui aurait tendance à rétrécir en séchant.

Si vous venez de poser du papier peint et que vous remarquez des bulles d'air, ne vous armez pas tout de suite d'aiguilles pour les percer. Généralement, les bulles disparaissent une semaine après la pose. À ce moment, si certaines bulles sont encore présentes,

mouillez le papier avec une éponge, percez quelques trous avec une aiguille et essayez de faire pénétrer un peu d'eau sous le papier par ces petits trous. On peut aussi utiliser une seringue. Dans ce cas, il suffit d'injecter un peu d'eau au centre de la cloque et de lisser avec un chiffon humide. Dans les deux cas, appuyez fermement et laissez le papier se détendre.

Résidus • Utilisez les restes de papier peint pour recouvrir le fond des tiroirs ou quelques boîtes cartonnées pour le rangement. Le tout sera en parfaite harmonie avec votre décor.

Parapluie

On peut réparer un parapluie qui est décousu de son armature en utilisant de la soie dentaire cirée. Ce fil très résistant pourra braver toutes les intempéries.

Pare-brise

Rien de mieux pour nettoyer votre pare-brise et pour enlever les moustiques écrasés que du cola !

Si vous préférez frotter le pare-brise et les phares de la voiture, placez votre chiffon savonneux dans un bas de nylon et frottez les taches, qui disparaîtront rapidement.

Parfum d'ambiance

Parfumez les pièces de la maison en faisant mijoter doucement, dans une casserole, 250 ml de jus d'orange, 250 ml d'eau, trois clous de girofle et un bâton de cannelle. Voilà un parfum qui séduira vos visiteurs et vos invités.

Parfumeuse

Si vous voulez verser un nouveau parfum dans votre vaporisateur, vous devez éliminer l'ancienne fragrance. Pour ce faire, vous n'avez qu'à remplir le vaporisateur d'alcool à friction. Rebouchez-le et actionnez le mécanisme pour faire monter le liquide. Laissez agir trois jours avant de le laver et de l'assécher. L'ancienne fragrance aura été neutralisée.

Patins

Avant de ranger les patins la saison hivernale terminée, essuyez bien les lames et enduisez de vaseline toutes les parties métalliques. Vous éviterez ainsi tous les dommages dus à la rouille. Bourrez-les de papier journal qui absorbera tout surplus d'humidité.

Peau

Les petites bouches barbouillées d'orangeade ou de sauce tomate se nettoient rapidement avec une débarbouillette mouillée et un peu de dentifrice.

Peau de chamois

La peau de chamois naturelle ou synthétique est reconnue pour lustrer les métaux, les vitres et les voitures.

À défaut de peau de chamois, on peut utiliser un chiffon saupoudré de farine.

On nettoie une peau de chamois en la laissant tremper quelques heures dans de l'eau savonneuse additionnée d'une bonne cuillerée de bicarbonate de soude. Rincez et faites sécher à l'ombre, à plat. En l'étirant, vous lui redonnerez sa souplesse.

Peau de crocodile

On nettoie les sacs et chaussures confectionnés dans cette matière rarissime (et maintenant interdite) avec de l'huile de ricin ou de la vaseline. Lustrez ensuite avec un chiffon doux et sec.

Peau de mouton

Un entretien régulier permet de garder ces tapis en bon état. L'aspirateur retire les poussières et saletés et, tout en évitant de trop mouiller la peau, vous pouvez lui donner un shampooing de temps en temps.

Peignes

On nettoie les brosses et les peignes avec une eau chaude additionnée de bicarbonate de soude ou de shampooing. Rincez et laissez sécher.

Une vieille brosse à dents permet de brosser les deux faces des peignes et de les nettoyer en profondeur.

Peinture

Avant d'entreprendre vos travaux de peinture, enduisez les pentures et poignées de porte de vaseline. Le nettoyage en sera facilité.

Vous pouvez aussi recouvrir les poignées de porte de papier d'aluminium, un autre truc pour éviter des travaux de nettoyage.

Il est inutile de laver les murs avant de les peindre, sauf les murs de la cuisine qui peuvent être graisseux, ce qui nuirait à une bonne adhérence de la peinture.

Un contenant de lait vide fera un excellent récipient à peinture, car celle-ci n'adhérera pas au carton ciré.

Coupez-le dans le sens de la longueur pour les grands pinceaux ou en deux pour obtenir un plus petit récipient.

Lorsque vous peignez un plafond, commencez toujours par le côté qui reçoit le plus de lumière : les traces de pinceau et de rouleau ne paraîtront pas. Vous éviterez aussi les coups de pinceau sur les murs et les plafonds en ne surchauffant pas la pièce que vous peignez ; aérez-la en évitant les courants d'air.

Si vous peignez un meuble ou une chaise, pour éviter les bavures sur le plancher, glissez sous les quatre pattes une assiette en aluminium.

Si vous remarquez une coulisse après avoir terminé vos travaux de peinture, vous serez tenté de l'écraser.

Il vaut mieux laisser sécher la peinture, retirer la coulisse avec une lame de rasoir et effectuer une retouche avec un petit pinceau.

Retouches • Remplissez une bouteille de vernis à ongles, bien nettoyée, avec de la peinture que vous venez d'appliquer sur les murs. Très pratique pour effectuer les retouches.

Pelle

La neige est collante et le pelletage devient une corvée.

Comment éviter ça ? Tout simplement en conservant votre pelle dans un endroit frais ou à l'extérieur.

Ce sont les changements de température brusques qui font adhérer la neige à la pelle.

Enduisez votre pelle métallique de paraffine, de cire en pâte ou d'huile végétale avant de l'utiliser. Elle glissera mieux dans la neige, et vous accomplirez le travail plus rapidement.

Peluches

Un rasoir jetable enlève rapidement toutes les petites peluches indésirables qui se forment sur les vêtements.

Penderie

Avant de vous attaquer au dépoussiérage des garde-robes de la maison, triez les vêtements que vous n'avez pas l'habitude de porter. Tout ce qui n'a pas été utilisé au cours des deux dernières années ne redeviendra sûrement pas un coup de cœur !

Offrez tous ces vêtements à un organisme de charité. Et surtout, n'empilez pas ces vêtements au sous-sol ou au garage, les risques qu'ils y demeurent encore quelques années sont grands.

Perce-oreilles (VOIR AUSSI JARDIN)

Si les perce-oreilles fourmillent sous vos plantes, offrez-leur une bonne bière ! Transvidez, à parts égales, une bouteille de bière dans deux autres bouteilles vides. Couchez-les sous le feuillage dans vos plates-bandes et attendez une journée ou deux. Surprise ! Vous verrez une foule d'insectes nuisibles qui, attirés par le liquide, seront piégés dans les bouteilles.

Perles

Faites en sorte de ne pas vaporiser de parfum ou d'eau de toilette sur vos perles. Pour les nettoyer, frottez-les avec une peau de chamois à peine humide.

Une fausse perle glisse quand on la passe sur les dents, tandis qu'une perle véritable est un peu rugueuse.

Si vous essayez d'enfiler les perles d'un collier brisé, mais qu'elles ne tiennent pas en place, placez tout simplement un morceau de ruban adhésif sur la table. Déposez-y les perles dans l'ordre voulu, elles tiendront bien ! Vous n'avez plus qu'à les enfiler, sans difficulté.

Photographies

Vous voulez retirer les photos (ou coupures de journaux) d'un album dont les pages sont recouvertes d'une pellicule plastifiée auto-adhésive ? Laissez l'air chaud d'un sèche-cheveux s'infiltrer graduellement sous la pellicule et vous pourrez la soulever sans dommage.

Au fil des ans, des empreintes de doigts ont sali ces souvenirs ? Frottez-les délicatement avec de la mie de pain et vous serez surpris du résultat de ce nettoyage.

Si vous avez retrouvé de vieilles photos de famille qui semblent collées les unes aux autres et avez peur de les endommager, placez-les dans un sac plastifié que vous laisserez ouvert afin que l'air puisse circuler.

Rangez le sac au réfrigérateur pendant une semaine, puis essayez de décoller les photos les unes des autres.

Laissez-les ensuite sécher quelques heures à la température de la pièce.

Les négatifs sont souvent négligés. Pourtant, si vos photos se détériorent, ils seront peut-être les seuls témoins de vos souvenirs. Rangez-les dans une enveloppe de papier non acide sans les toucher directement avec vos mains. Conservez-les loin de la chaleur et de l'humidité. Inscrivez sur la pochette la date, le nom et l'événement. Ces petites précautions vous éviteront de fastidieuses recherches dans des boîtes où les négatifs auraient été rangés en vrac.

Piano

Passez sur le meuble un linge humide ou imbibé d'un produit protecteur pour le bois. Essuyez ensuite avec un linge sec pour enlever toute trace d'humidité.

Pour nettoyer les touches de bois, soulevez-les légèrement par groupes de quatre ou de cinq. Tenez-les en place en insérant une bande de carton sous le rebord, puis frottez avec un morceau de coton légèrement imbibé d'alcool à 90 %. Quant aux touches en plastique, nettoyez-les avec une peau de chamois légèrement imbibée de détergent à vaisselle liquide. Dans les deux cas, prenez garde qu'aucun produit ne coule entre les touches : cela pourrait détériorer les feutres.

Si les touches du piano sont tachées ou jaunies, frottez-les avec un linge humecté d'eau et de pâte dentifrice. Rincez ensuite avec un linge imbibé de lait.

Essuyez et polissez avec un linge doux. Exposées au soleil, les touches légèrement jaunies blanchiront d'elles-mêmes.

L'intérieur du piano doit être nettoyé par un professionnel.

On décourage les mites qui voudraient se loger dans le piano en y déposant un petit morceau de camphre.

Pigeons

Ces volatiles sont porteurs de maladies ; il vaut mieux les garder à distance. S'ils ont pris la vilaine habitude de se poser sur votre balcon ou le rebord de vos fenêtres, vaporisez abondamment ces surfaces de vinaigre. Répétez l'opération chaque jour. En peu de temps, les pigeons auront déserté votre environnement.

Piles

Si vous constatez à la dernière minute que vos piles ont la mine basse, frottez leur pôle positif (+) sur un morceau de moquette ou même sur votre pantalon pendant cinq minutes. Et voilà, les piles sont rechargées pour une courte période.

Pinceaux

Achat • Acheter des pinceaux de qualité épargne temps et argent.

Un pinceau neuf sera plus facile à nettoyer si on laisse tremper ses poils dans l'huile de lin une douzaine d'heures.

Nettoyage • Si vous arrêtez de peindre quelques heures, enveloppez vos pinceaux de pellicule plastique et glissez-les au congélateur. Recouvrez le rouleau et le bac à peinture de papier d'aluminium.

Si, par malheur, vos pinceaux n'ont pas été bien nettoyés lors des derniers travaux et que vous les retrouvez durcis, inutilisables, pas de panique ! Versez du cola dans deux verres : l'un servira à vous désaltérer, l'autre à faire tremper vos pinceaux pendant quelques heures. Surprise !

Vous retrouverez les résidus de peinture au fond du verre et leurs poils reprendront leur forme originale.

Un bain dans du vinaigre chaud rajeunira aussi vos vieux pinceaux.

Rangement • Une fois le travail terminé, ajoutez à l'eau de rinçage de vos pinceaux une petite quantité d'assouplisseur textile liquide. Les poils de vos brosses resteront doux et souples pour les prochains travaux de peinture.

Vous pouvez aussi enduire les poils du pinceau avec du savon liquide. Les poils collés resteront bien droits. Passez le pinceau à l'eau chaude avant de vous en resservir.

Un élastique peut aussi retenir les poils récalcitrants.

Technique • Aucune peinture ne dégoulinera sur le manche du pinceau si vous placez plusieurs élastiques entre la brosse et le métal.

Pour peindre de très petites surfaces, comme les moulures, entourez les poils du pinceau d'un élastique afin d'obtenir la largeur désirée ; vous éviterez ainsi des dégâts.

Placard

Après avoir lavé de fond en comble un placard, si une odeur d'humidité persiste, faites fonctionner un ventilateur portatif quelques heures en laissant sur le sol un chiffon imprégné d'alcool à friction.

Pour éliminer l'humidité toujours présente dans un placard, déposez plusieurs couches de papier journal sur le sol. Changez occasionnellement le papier, qui absorbera le surplus d'humidité.

Plafond

Pour laver les plafonds, utilisez votre produit de nettoyage préféré. Une grosse éponge laissera peu de marques sur le plafond. Utilisez deux seaux d'eau tiède ; le premier contiendra l'eau savonneuse ou une eau vinaigrée, et le second, de l'eau claire. Procédez par petits carrés à la fois et rincez deux fois plutôt qu'une afin d'éviter les bariolages.

Un bon éclairage facilitera le travail et vous évitera d'avoir à relaver certains endroits.

Carreaux de plafonds • Les années jaunissent ces carreaux souvent utilisés dans les sous-sols. Vous pouvez les repeindre sans aucune crainte.

Planche à découper

Un lavage normal après chaque utilisation suffit à conserver la planche en bon état.

Évitez de la laisser tremper et ajoutez un peu de bicarbonate de soude à l'eau de rinçage.

On nettoie à fond une planche à découper avec l'écorce d'un citron ou du vinaigre pur. Rincez ensuite à l'eau chaude. En séchant, la planche retrouvera sa fraîcheur.

Plancher de bois

Avant de choisir le fini de votre plancher de bois, souvenez-vous qu'un fini lustré agrandit une pièce tandis qu'un fini mat referme l'espace.

Craquements • Saupoudrez de talc et faites pénétrer le plus de poudre possible entre les lattes d'un plancher ou d'une marche qui craque. Marchez d'un pas lourd ou laissez-vous aller pour une petite gigue afin que la poudre pénètre bien dans tous les orifices.

Si une fente est plus évidente entre les lattes et provoque des craquements, passez un pain de savon légèrement humide dans la fente pour y insérer une petite quantité de savon qui, en séchant, comblera l'espace.

Nettoyage • Le mélange d'eau et de vinaigre, si populaire, finit par oxyder le vernis. Il ne faut pas non plus laver les planchers à grande eau. Utilisez un savon à l'huile végétale pure destiné aux planchers de bois.

On enlève les marques noires de talon avec un linge sec et du dentifrice.

Une gomme à effacer enlève les marques de talon.

Protection • Pour éviter les égratignures sur un plancher verni, déposez des chutes de tapis ou une pièce de feutre sous les pattes des meubles. Le sable et les débris collés aux chaussures sont les ennemis des planchers vernis. L'aspirateur utilisé régulièrement enlève ces particules entre les lattes. Mettez un tapis ou un paillasson à chacune des entrées.

Enlevez vos souliers à talons aiguilles lorsque vous êtes à la maison. Ils marquent facilement les planchers de bois.

Plancher de céramique

L'eau additionnée de vinaigre nettoie à merveille les planchers de céramique.

Plancher de ciment (GARAGE)

Avant de balayer le sol du garage ou les allées de ciment, saupoudrez-les de bran de scie, qui retient la poussière et la saleté.

Si votre plancher de garage est imbibé d'huile, saupoudrez-le de litière pour chats que vous laisserez agir plusieurs heures avant de brosser. Les taches tenaces disparaissent avec de l'alcool minéral. Imbibez-les d'alcool et recouvrez-les de papier journal. Quelques heures plus tard, vous pourrez laver le plancher avec un bon détergent.

Après un bon balayage, si vous constatez que votre plancher de béton a besoin d'être rafraîchi, utilisez une peinture acrylique.

L'ABC DES TRUCS

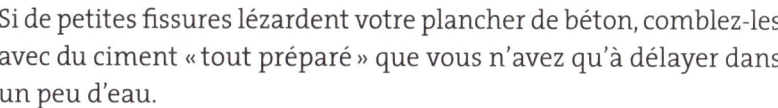

Si de petites fissures lézardent votre plancher de béton, comblez-les avec du ciment « tout préparé » que vous n'avez qu'à délayer dans un peu d'eau.

Pour enlever les taches d'essence sur le sol cimenté, préparez le mélange suivant : 60 ml d'eau de Javel, 60 ml d'eau et 125 ml de plâtre. Laissez agir la pâte ainsi obtenue de 24 à 48 heures. Brossez ensuite vigoureusement la pâte séchée.

Plancher flottant

Ce plancher stratifié très en vogue est facile d'entretien.

Un coup de balai, d'aspirateur et un chiffon humide pour le nettoyage. Il ne faut jamais laver le plancher à grande eau ou avec un chiffon détrempé.

Les taches tenaces s'enlèvent avec de l'acétone ou tout autre solvant à base d'alcool.

Plantes vertes

Plante-cadeau • Si vous constatez que la plante que vous avez reçue en cadeau commence à dépérir, c'est peut-être tout simplement que vous avez oublié d'enlever le papier d'aluminium coloré qui recouvre le pot.

Ce papier empêche l'évaporation de l'eau et crée un surplus d'humidité.

Les plantes dans la chambre à coucher • Faites chambre à part, car les plantes émettent du gaz carbonique (CO_2) et peuvent même aspirer l'oxygène, qui est nécessaire à un sommeil réparateur.

Engrais maison • Si vous possédez un aquarium, utilisez son eau, riche en algues et en micro-organismes, pour arroser vos plantes d'intérieur. Celles-ci profiteront de la bonne dose d'engrais fournie par le liquide nourricier.

Les restes de vin rouge ou de thé que vous pouvez verser sur la terre de vos plantes d'intérieur constituent un autre bon apport en vitamines. Les coquilles d'œufs broyées sont aussi reconnues pour être un bon fertilisant pour les plantes, alors que l'eau de cuisson des œufs durs, refroidie, contient d'excellents minéraux.

Pour ramollir la terre sèche d'une plante d'intérieur, on y ajoute quelques gouttes d'huile d'olive et on mélange bien.

Insectes • Une rondelle de pomme de terre crue, que vous changez régulièrement, attire les vers qui se cachent dans la terre de vos plantes.

Le savon à vaisselle liquide tue les insectes en quelques minutes. Il suffit d'en déposer quelques gouttes sur la surface du terreau. Arrosez abondamment et la formation de bulles de savon vous débarrassera des petits visiteurs indésirables. Douchez la plante quelques jours après le traitement.

Pour se débarrasser des vers, on pique dans la terre quelques allumettes la tête en bas. Le soufre qu'elles contiennent éliminera ces visiteurs inopportuns.

Nettoyage • Si vous aimez les plantes au feuillage luisant, frottez les feuilles une à une avec un mélange composé d'une part d'eau et d'une part de bière. N'ayez crainte, elles se tiendront quand même bien droites après ce traitement de beauté.

On peut aussi nettoyer le feuillage avec un chiffon imbibé d'un mélange à parts égales d'eau et de lait.

Le sèche-cheveux à position « froid » permet aussi de déloger la poussière sur les feuilles.

Plaque à biscuits

Il vaut mieux limiter le nettoyage en recouvrant les plaques à biscuits et à pizza de papier d'aluminium. Pour un nettoyage rapide des plaques noircies, vaporisez et laissez agir un produit nettoyant destiné au four.

L'ABC DES TRUCS

Plateau à glaçons

Si vous trouvez que les cubes ont un drôle de goût, c'est que les plateaux ont absorbé les odeurs des aliments rangés au congélateur ou que votre glace n'est pas fraîche. Lavez régulièrement les plateaux à glaçons à l'eau savonneuse. Laissez-les tremper quelques heures dans de l'eau additionnée de bicarbonate de soude.

Rincez et faites une nouvelle provision de glace.

Vous pouvez utiliser les emballages en polystyrène des œufs pour fabriquer des glaçons supplémentaires.

Plâtre

Vous avez réparé des fissures avec du plâtre et voilà que vous retrouvez de petits morceaux de plâtre séchés sur le plancher. Imbibez-les de vinaigre. Lorsqu'ils seront ramollis, vous pourrez les gratter avec une spatule en bois.

Plexiglas

Il faut éviter l'eau savonneuse, à moins d'utiliser un savon très doux et utiliser un produit conçu pour le nettoyage des vitres. Encore là, si vous utilisez un lave-vitre fréquemment, la surface du plexiglas pourrait craqueler. Il vaut mieux utiliser un chiffon de coton humide et limiter les grands nettoyages.

Pneus (VOIR CIMENT)

Poêle à bois

On nettoie le poêle refroidi comme les poêlons en fonte. Pour enlever les taches rebelles sur la vitre froide, on la vaporise avec un nettoyant pour le four ou on la frotte avec de la cendre refroidie.

Poêlons en fonte

Vous pouvez redonner un beau fini à vos poêlons en les faisant chauffer dans le four ou sur la cuisinière.

Vaporisez ensuite un produit nettoyant pour le four sur toutes les surfaces du poêlon. Glissez un papier journal dessous afin de protéger l'endroit où vous le déposerez.

Laissez agir 30 minutes, puis rincez. Terminez le nettoyage avec de la laine d'acier ou un couteau pour enlever les petites croûtes de gras difficiles à déloger.

Lavez avec du savon à vaisselle. Appliquez enfin une fine couche d'huile végétale : l'humidité peut former des taches de rouille, qui disparaissent lorsque vous polissez régulièrement vos poêlons avec de l'huile.

L'acide citrique a le pouvoir aussi d'éliminer les taches de rouille sur la fonte. Diluez 15 ml (1 c. à soupe) dans 500 ml (2 tasses) d'eau chaude et frottez la fonte avec cette solution.

Nos grands-mères utilisaient de la couenne de lard pour frotter leurs casseroles en fonte. Ce gras, tout comme l'huile végétale, donne un beau fini et élimine les taches de rouille.

Poils de chats et de chiens

On les enlève facilement sur les meubles en imbibant une éponge d'une solution d'eau chaude et de glycérine.

Essorez l'éponge et frottez délicatement les meubles.

Vous pouvez aussi vaporiser un mouchoir de papier avec du fixatif à cheveux. Les poils y adhéreront lorsque vous le passerez sur les meubles ou sur vos vêtements.

Il est aussi facile de les déloger en insérant une brosse à l'intérieur d'un bas de nylon et en frottant délicatement meubles, couvertures et vêtements.

Les feuilles d'assouplissant textile ramassent aussi les poils. Vous n'avez qu'à passer une feuille sur les meubles, tapis et fauteuils.

Lorsque vous coupez le poil de votre chat ou de votre chien tout au long de l'année, conservez-le dans un sac plastifié. Au printemps, répandez des poils dans les arbres de la cour. Les oiseaux les trouveront avec bonheur et les utiliseront pour la construction de leur nid, qui sera tout à fait douillet.

Poissons d'argent

Les lépismes, communément appelés poissons d'argent, se logent dans les placards. Voici un moyen simple de les éloigner.

Piquez quelques clous de girofle dans une orange ou un citron.

Une fois le fruit séché, déposez-le dans vos penderies. Son arôme agréable repoussera les petites bêtes indésirables.

Le détergent à vaisselle liquide chasse aussi ces indésirables. Aspergez les plinthes de la pièce où ils trouvent refuge.

Polyester

Ce tissu lavable à la machine ne cause généralement pas trop de maux de tête. Par contre, si on le lave à l'eau chaude, il a tendance à se froisser. Les seules taches qui s'imprègnent dans le polyester sont les taches d'huile, de graisse et de transpiration. Pour les éliminer, versez du détergent liquide directement sur les taches ou préparez une pâte à base de détersif en poudre et d'eau. Pour bien faire pénétrer le produit dans le tissu, tapotez-le avec la main jusqu'à ce que les fibres en soient bien imbibées. L'utilisation de l'eau de Javel est à proscrire. Lavez ensuite le vêtement au cycle délicat à l'eau tiède, sauf si le fabricant recommande de n'utiliser que de l'eau froide. Au besoin, on repasse le vêtement à basse température.

Polystyrène

Pour couper de grandes feuilles de polystyrène et bien suivre les lignes de coupe, un couteau Exacto, une scie ou un couteau denté font du bon travail, mais il est encore plus simple d'utiliser un couteau électrique.

Pommeau de douche

Lorsque les trous du pommeau de douche sont partiellement obstrués par le calcaire, vous pouvez le démonter et le faire tremper quelques heures dans du vinaigre blanc chaud.

Enlevez le calcaire avec un cure-dent ou une vieille brosse à dents. Rincez abondamment après le nettoyage.

Si vous ne désirez pas enlever la pomme de votre douche ou si vous avez de la difficulté à la dévisser, versez le mélange vinaigré dans un sac plastifié. Plongez-y le pommeau et maintenez le sac en place avec une bande élastique. Laissez ce mélange agir une trentaine de minutes.

Porcelaine

Vous pouvez réparer un objet en porcelaine qui a une fêlure. Lavez-le à l'eau chaude savonneuse et faites-le tremper ensuite dans une casserole remplie de lait bouillant.

Laissez sécher l'objet sans rincer jusqu'à ce que le lait recolle la fissure. Après ce bain magique, vous n'avez plus qu'à rincer l'objet sous l'eau claire. Essuyez avec un linge doux.

Si la porcelaine présente seulement de fines craquelures jaunies, faites tremper l'objet pendant une heure dans un évier rempli d'eau tiède additionnée de 15 ml (1 c. à soupe) d'eau de Javel. Lavez ensuite l'objet de porcelaine dans une eau savonneuse tiède et rincez à l'eau froide.

Porte

Un petit jet d'huile végétale sur les charnières rendra silencieuse une porte qui grince.

Si une porte frotte sur le cadre et qu'elle est difficile à fermer, cernez le problème en colorant le contour avec une craie. Fermez la porte. La poudre laissée sur l'encadrement par la craie indiquera l'endroit du frottement. Pour régler le problème, utilisez un papier émeri et poncez le bord de la porte aux bons endroits.

Porte de douche

On peut nettoyer le cadre des portes de douche avec de l'alcool à friction ou enlever les éclaboussures sur le métal avec du jus de citron ou de l'huile pour bébé.

Pour qu'elles glissent bien, frottez le cadre avec de la vaseline ou de l'huile pour bébé.

Les portes de douche en verre se nettoient rapidement avec une vieille feuille d'assouplissant textile ou une éponge imbibée d'eau vinaigrée.

Porte-documents

Tous les sacs en vinyle et en matière synthétique peuvent être lavés avec un détergent liquide pour la vaisselle. Séchez-les ensuite et protégez-en la surface avec un protecteur pour vinyle ou pour pneus couramment employé pour la voiture.

Les porte-documents en cuir doivent être nettoyés avec un savon pour tissus délicats et une éponge imbibée d'eau froide. Frottez le cuir en enlevant tout résidu savonneux. Vous pouvez aussi utiliser un nettoyant pour les meubles de cuir. Après avoir bien séché le sac, appliquez un revitalisant pour le cuir ou une cire à chaussures neutre que vous polissez ensuite avec un chiffon de laine.

L'ABC DES TRUCS DE MADAME CHASSE-TACHES

Porte-parapluies

Glissez au fond de votre porte-parapluies une éponge qui absorbera l'eau qui y dégouttera.

Porte-savon

Si vous n'utilisez pas de savon en pompe, déposez dans le porte-savon une petite éponge. Elle absorbera l'eau, la mousse du savon et vous n'aurez qu'à passer le porte-savon sous l'eau pour le nettoyer.

Pot de fleurs

Vous pouvez réutiliser un pot pour rempoter une plante.

Prenez soin de bien le laver avec du détergent à vaisselle, puis désinfectez-le avec 60 ml d'eau de Javel diluée dans 500 ml d'eau. Rincez bien, et voilà ! Votre pot est prêt pour une deuxième vie.

Pot de peinture

Lors des travaux de peinture, déposez le pot dans une assiette de carton. Vous éviterez les cercles de peinture sur le plancher.

Avant de fermer un pot de peinture que vous remisez pour un certain temps, déposez-y un bouchon de liège. Parfois une peau se forme à la surface du liquide.

Le bouchon permet d'enlever cette pellicule sans qu'aucun résidu tombe dans la peinture.

Si, par malheur, quelques peaux tombent dans la peinture, vous pouvez filtrer le tout à travers un bas de nylon.

Par contre, si vous rangez les contenants fermés hermétiquement à l'envers, vous éviterez la formation d'une peau sur la peinture.

Le meilleur truc pour éviter cette formation de pellicule sur la peinture est de prendre une grande inspiration et d'expirer dans

le bidon. C'est le gaz carbonique que vous ferez pénétrer dans le bidon qui empêchera la peinture de s'oxyder et de former une peau à la surface.

Appliquez un peu de peinture sur le couvercle. En cas de retouches, vous repérerez rapidement le contenant dont vous avez besoin.

Collez sur le récipient la formule du mélange et la quantité de peinture que vous avez utilisée. Ces renseignements vous seront utiles lors de vos prochains travaux.

Pot de verre

Étiquettes • Vous enlèverez les étiquettes collées sur les pots en les laissant tremper dans un bain d'eau tiède. Curieusement, on peut aussi enlever les étiquettes en les frottant avec du beurre d'arachide.

Les étiquettes autocollantes s'enlèvent facilement si vous glissez les pots ou les bouteilles de vin vides dans le four légèrement chaud.

Odeurs • Pour éliminer l'odeur qui persiste dans un pot de verre que vous désirez réutiliser, rincez-le avec de l'eau additionnée de vinaigre après l'avoir lavé. Séchez-le et glissez-y un essuie-tout avant de refermer le couvercle et de ranger le pot jusqu'au prochain usage.

Ouverture • Qui n'a jamais eu à forcer pour ouvrir un bocal ? Vous avez essayé la bande élastique caoutchoutée autour du couvercle, vous avez tapé le contour du couvercle avec un couteau et le satané pot reste bien fermé.

Essayez ces trucs. Enfilez une paire de gants de latex que vous utilisez pour les travaux ménagers ou pour laver la vaisselle ; les pots s'ouvriront en un tournemain.

Vous pouvez aussi retourner le pot à l'envers sur le comptoir et taper

avec le plat de la main sur le fond pour provoquer un appel d'air. Le bocal s'ouvrira ensuite sans aucune difficulté.

On peut également plonger le couvercle du pot dans un bol d'eau bouillante. Après quelques minutes, vous réussirez à l'ouvrir en le couvrant d'un torchon ou d'un linge à vaisselle pour avoir une meilleure prise.

Poterie

Une fêlure dans un pot en poterie peut se dissimuler. Il suffit de dissoudre une cuillerée de sucre dans quelques gouttes d'eau bouillante pour obtenir un sirop dont vous badigeonnerez la fêlure à l'intérieur du pot. Laissez sécher sans essuyer.

Poubelle de maison

Glissez au fond de la poubelle quelques feuilles d'assouplissant textile. Vous éliminerez les mauvaises odeurs.

On peut aussi déposer au fond de la poubelle un filet contenant des écorces de citron, d'orange ou de pamplemousse.

Poupée

Le visage des poupées de vos enfants est sale, taché d'encre et porte des marques d'usure ? Faites-leur un masque de beauté en les frottant tout simplement avec du beurre d'arachide. Un lait démaquillant peut aussi leur faire retrouver leur teint de jouvencelle.

Poux

Pour protéger les cheveux de vos enfants des parasites, mélangez 6 gouttes d'essence de lavande à 1 litre d'eau. Vaporisez tous les jours la tête des bambins de ce mélange afin que le parfum de la lavande imprègne

bien leur chevelure. Les poux, qui détestent cette odeur, ne seront pas attirés par ces petits « champs de lavande ambulants » !

Prises de courant

Si elles sont mal isolées, il n'est pas rare de voir l'air frais s'infiltrer par ces orifices. Installez des plaques isolantes conçues pour les prises électriques et vous réduirez vos coûts du chauffage.

Prothèse dentaire

Vous changez votre prothèse dentaire, mais désirez conserver l'ancienne au cas où vous devriez la réutiliser si un bris survenait. Enduisez-la de vaseline et glissez-la dans un contenant en plastique hermétique.

Vous pourrez ainsi la préserver du dessèchement durant plusieurs années. Il sera bien sûr nécessaire de la rincer à l'eau très chaude avant de l'utiliser.

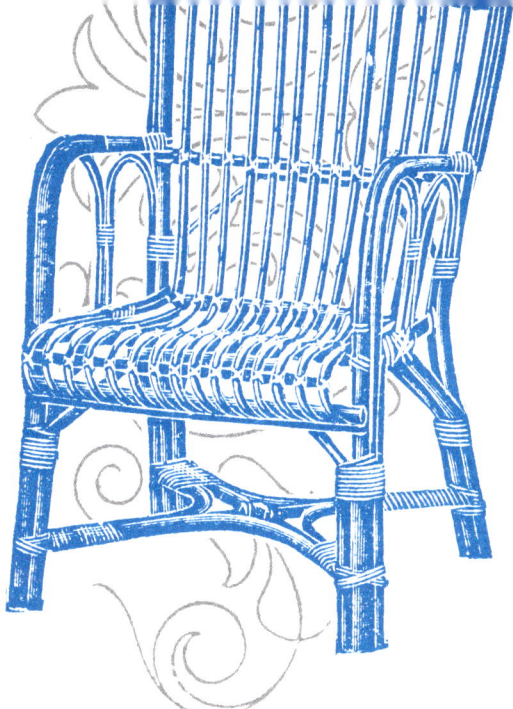

Rallonge électrique

Évitez de laisser un fil de rallonge électrique sur le sol au soleil. En peu de temps, les rayons du soleil durcissent la gaine isolante caoutchoutée et cela la rend cassante.

Râpe

Les légumes, spécialement les carottes, tachent facilement la râpe. Frottez-la avec un essuie-tout imbibé d'huile végétale et la couleur orange disparaîtra, laissant l'instrument bien propre. Mieux vaut prévenir et enduire la râpe, avant de l'utiliser, avec de l'huile végétale. Vous pouvez le faire avec un pinceau ou un essuie-tout.

Raton laveur (VOIR JARDIN)

Réfrigérateur

On nettoie les composants en plastique ou en verre du réfrigérateur avec de l'eau tiède, car l'eau chaude peut les faire fendre.

L'intérieur se lave avec de l'eau additionnée de bicarbonate de soude ou de vinaigre.

Sur le dessus du réfrigérateur, la poussière et le gras ont tendance à former un film de poussière difficile à déloger. Nettoyez la surface avec de l'eau chaude additionnée d'assouplissant liquide (une part d'assouplissant pour trois parts d'eau).

On nettoie l'arrière du réfrigérateur avec l'aspirateur et un chiffon humide mais non détrempé.

Si vous devez déplacer un réfrigérateur et craignez d'endommager le sol, placez sous l'appareil une retaille de tapis, les fibres vers le bas. Tirez ensuite le tapis et vous déplacerez l'appareil sans forcer et sans dommages.

Odeurs • Pour chasser une odeur persistante, imbibez une ouate d'essence de vanille, que vous déposerez sur la tablette du bas du réfrigérateur.

On peut aussi placer un récipient contenant 250 ml de vinaigre. Ajoutez-y un quartier de citron et placez le tout au fond du frigo.

Un petit contenant de yogourt vide rempli de litière pour chats ou quelques briquettes de charbon de bois éliminent aussi les mauvaises odeurs.

Le bon vieux bicarbonate de soude déposé dans le réfrigérateur conserve la fraîcheur des aliments et absorbe toutes les odeurs. La boîte devrait être remplacée tous les trois mois ou au changement de saison.

Ce bicarbonate de soude ne peut être utilisé pour cuisiner, mais vous pouvez le recycler pour nettoyer le tuyau d'évacuation de l'évier. Versez le bicarbonate de soude et rincez à l'eau chaude.

L'ABC DES TRUCS

Le camembert peut laisser des relents tenaces dans le réfrigérateur. Pour les éliminer, mettez quelques brindilles de thym frais dans le contenant à fromage.

Un verre de lait dans le réfrigérateur capte aussi les odeurs indésirables. Jetez le lait après vingt-quatre heures.

Vieux réfrigérateur • Si un réfrigérateur qui a été débranché quelque temps dégage une odeur particulière, lavez l'intérieur avec une solution composée d'une partie d'eau de Javel pour trois parties d'eau.

Si des taches de rouille sont difficiles à déloger, vaporisez du nettoyant à four sur les taches dans un réfrigérateur complètement vide. Attendez quelques secondes avant d'enlever le produit avec de l'eau chaude savonneuse.

Test frigorifique • Si vous désirez connaître la température exacte de votre frigo, mettez un thermomètre dans un bol d'eau. Déposez le bol à différents endroits du réfrigérateur pendant 12 heures et vous connaîtrez les zones les plus fraîches. Vous pourrez alors bien conserver les aliments sensibles à la chaleur et vous saurez si votre réfrigérateur a un bon fonctionnement.

Reliures de livres

Si la reliure est en toile, essuyez-la avec un linge doux humecté d'alcool à 70 %. Si les taches ne disparaissent pas, mélangez 90 ml d'ammoniaque et 15 ml de peroxyde à 30 volumes. Appliquez avec un pinceau et rincez à l'eau distillée en utilisant une éponge. Laissez sécher.

On peut frotter les reliures de cuir avec une crème incolore ou un cirage à chaussures neutre. Laissez sécher et polissez. Si les reliures sont très anciennes, nettoyez-les avec une flanelle imbibée de térébenthine avant de les cirer.

Renvois d'eau (VOIR TUYAUX)

L'ABC DES TRUCS DE MADAME CHASSE-TACHES

Repassage

Au séchage, inutile de choisir le plus long cycle pour les vêtements qui doivent être repassés. Optez pour le cycle plus court ; le repassage est toujours plus facile sur les tissus légèrement humides. Vous éviterez le repassage des rideaux si vous les fixez aux tringles quand ils sont encore humides.

Si vous n'avez pas le temps de terminer votre repassage, placez les vêtements humectés au réfrigérateur. Ils attendront jusqu'au lendemain et le repassage n'en sera que plus facile.

Recouvrez la planche à repasser d'une feuille de papier d'aluminium, sous la housse, pour augmenter la chaleur. Votre travail en sera facilité, car vous n'aurez pas à repasser le vêtement à l'endroit et à l'envers.

Vaporisez la planche à repasser de votre eau de toilette. Après le repassage, vos vêtements conserveront cette odeur. L'utilisation de l'eau de linge parfume les vêtements et la literie agréablement.

La jeannette, petite planche qui permet un repassage minutieux des emmanchures, des manches et des poignets, vous fera gagner du temps tout en vous assurant un travail professionnel.

L'utilisation d'empois rendra un vêtement plus rigide. Vaporisez le vêtement, après le séchage et avant le repassage, sur l'endroit du tissu.

Recouvrez les boutons de nacre ou de plastique avec une cuillère. La chaleur ne pourra les endommager, et vous pourrez glisser facilement votre fer pour bien repasser le tissu entourant les boutons.

Pour ne pas créer de faux plis sur les cols, repassez-les à l'envers, puis à l'endroit en repassant des extrémités vers l'intérieur.

Les ourlets doivent être repassés délicatement à l'envers pour ne pas laisser de marques.

L'ABC DES TRUCS

Si vous avez laissé le fer trop longtemps sur le vêtement, un beau « V » a marqué le tissu. Ne vous en faites pas ! Il suffit de verser de l'eau oxygénée sur la tache et de la frotter avec un torchon propre. Lavez ensuite le vêtement à l'eau tiède savonneuse. Rincez et laissez sécher. Les dommages devraient disparaître complètement.

Rideau de douche

Un rideau de douche couvert de marbrures blanchâtres n'incite pas à chanter sous la douche. Enduisez de cire liquide incolore la surface exposée à l'eau ou vaporisez un produit à la silicone pour le faire briller à nouveau. Pour enlever les traces de calcaire, le vinaigre chaud demeure le meilleur produit.

Dans la machine à laver, on mélange, à parts égales, détergent et bicarbonate de soude. Ajoutez à votre lavage quelques serviettes éponges ; leur texture permet de déloger facilement les taches sur un rideau de douche.

Avant de raccrocher le rideau nettoyé, faites-le tremper dans de l'eau salée afin d'éviter les taches de moisissure.

Recyclage • Un vieux rideau de douche en plastique est idéal pour protéger de la pluie et de la neige bicyclettes, chaises de jardin et barbecue.

Rangé dans le coffre de la voiture, il vous dépannera si vous devez vous agenouiller en cas de crevaison ou pour garder votre coffre propre lorsque vous transportez des objets salissants, comme les boîtes de fleurs, au printemps.

Cet article peut aussi servir de toile pendant les travaux de peinture ou protéger le matelas d'un enfant qui a parfois un petit oubli pendant la nuit.

Rideau de tergal

Pour laver les rideaux à crochets, glissez-leur la tête dans une taie d'oreiller que vous fermez avec un cordon. Un petit truc qui vous évitera une perte de temps.

Après un bon lavage, laissez les rideaux tremper quelques minutes dans une eau de rinçage à laquelle vous aurez ajouté une petite bouteille de peroxyde liquide de 20 volumes.

Après le lavage, un bon rinçage dans un bain de lait, ou d'eau additionnée de lait en poudre ou de 30 ml de fécule de maïs, redonne la blancheur aux rideaux jaunis. Si possible, faites sécher dehors, au soleil.

Suspendez les rideaux encore mouillés pour éviter le repassage. Couvrez le sol de papier journal pour absorber les gouttes qui pourraient endommager le plancher.

Rideaux (DÉPOUSSIÉRAGE)

Faites tourner les rideaux quelques minutes dans la sécheuse ou, si vous ne désirez pas les décrocher, employez l'aspirateur.

Robinets

Faites briller les robinets en les nettoyant avec du jus de citron, du vinaigre de cidre, du vinaigre chaud ou du jus d'orange. Vous pouvez aussi utiliser de la farine et un chiffon sec.

Une feuille d'assouplissant textile les fera reluire. En frottant régulièrement le tour du robinet avec un peu de vaseline, vous empêcherez la formation de calcaire.

Roses

Enlevez les épines des roses en glissant lentement un économe (couteau éplucheur) le long des tiges.

L'ABC DES TRUCS

Rotin

On peut nettoyer le rotin avec de l'eau additionnée de bicarbonate de soude, de sel ou de vinaigre.

Si les meubles laissés à l'extérieur affichent plusieurs taches noirâtres, frottez-les avec un mélange d'eau et d'eau oxygénée (60 ml pour 1 litre d'eau).

Rincez bien le rotin après le nettoyage et laissez sécher à l'abri des rayons du soleil.

RECETTE POUR NETTOYER ET NOURRIR LE ROTIN

Mélangez 125 ml d'huile de lin à 1 litre d'eau chaude. Ajoutez 15 ml d'essence de térébenthine. Bien mélanger et conserver le tout au chaud. Frottez le rotin avec un chiffon imbibé de la solution et laissez bien sécher avant d'utiliser le meuble.

De l'eau additionnée de jus de citron ne nettoie que le rotin blanc ; ne l'utilisez pas avec les rotins bruns ou colorés. Il est préférable de laisser sécher les meubles à l'ombre pour éviter qu'ils se fendillent.

Pour éviter les grincements désagréables qui apparaissent inévitablement avec le temps, graissez les jointures avec de l'huile de paraffine.

Sablage

Après avoir sablé une surface, si vous pensez que des endroits demeurent rugueux, enfilez votre main dans un vieux bas de nylon. Essuyez le bois et vous détecterez immédiatement les endroits à retoucher.

Sac à glace

En cas de blessure, la recommandation qu'on reçoit le plus souvent est d'appliquer de la glace sur le membre endolori. Préparez donc vos sacs à glace à l'avance. Mélangez 250 ml de liquide lave-vitre avec antigel pour l'hiver à 750 ml d'eau. Versez ce mélange dans des pochettes refermables résistantes, que vous garderez au congélateur. Ces sacs malléables épouseront parfaitement la forme du membre endolori.

Un autre truc efficace : imbibez d'eau de petites éponges, mettez-les dans des sacs refermables et congelez le tout. Vous disposerez alors de bonnes compresses pour soulager la douleur.

Un sac refermable rempli de grains de maïs soufflé placé au congélateur fait une bonne compresse et épouse la forme du membre mal en point.

Sac de couchage

Vous pouvez laver un sac de couchage dans une machine à laver au cycle délicat. Vérifiez la capacité de votre laveuse ; il est parfois préférable, question de poids, d'utiliser une lessiveuse à grande capacité à la buanderie du coin qui vous donnera un rendement supérieur.

Protégez le sac de couchage en l'enveloppant dans un grand drap que vous nouez aux deux extrémités. Passez-le quelques minutes à la sécheuse pour lui redonner son gonflant. Poursuivez le séchage à l'extérieur et tapotez-le lorsqu'il sera bien sec pour replacer la bourre ou séparer les plumes.

Il n'est pas recommandé de laver trop souvent un sac de couchage, car vous modifiez ainsi sa « température confort » à chaque lavage. Doublez plutôt l'intérieur avec un grand drap. Au retour des vacances, vous n'aurez qu'à laver le drap.

Avant de ranger votre sac de couchage à la fin de la saison, glissez-y quelques feuilles d'assouplissant textile. Vous éviterez les odeurs d'humidité.

Il est préférable de suspendre le sac de couchage dans la penderie et même retirer l'enveloppe extérieure afin que le duvet ou toute autre bourre se conserve mieux.

Sacs d'épicerie

Vous allez peut-être vous reconnaître dans ce portrait : au retour du supermarché, pour vous éviter des allers-retours à la voiture, vous transportez tous les sacs d'épicerie d'une seule traite à l'intérieur de la maison. Les mains et les doigts endoloris, vous vous rendez de justesse à la cuisine. Bien chanceux quand un sac éventré ne répand pas son contenu sur le plancher !

En gardant dans le coffre de votre voiture un panier à linge vide pour y déposer tous vos sacs d'épicerie, vous pourrez éviter des efforts inutiles. De cette manière, le poids sera bien réparti entre vos deux mains.

L'utilisation de sacs en toile ou de cabas évite la prolifération des petits sacs d'épicerie. Coup de main pour la planète et pour votre dos endolori.

Salière

Pour empêcher l'intérieur du couvercle d'une salière de ternir ou de rouiller, appliquez-y une couche de vernis à ongles transparent. Dès que le vernis est sec, repercez les trous à l'aide d'une aiguille. Glissez quelques grains de riz dans le sel pour absorber l'humidité.

Salle de bains

La corvée de nettoyage de la salle de bains sera facilitée si, avant de laver les murs et le carrelage, vous remplissez la baignoire d'eau très chaude et gardez la porte fermée une quinzaine de minutes. La vapeur vous aidera à tout nettoyer en un clin d'œil : murs, carreaux de céramique et miroirs.

Sapin de Noël

Quand vous venez d'acheter votre sapin de Noël, conservez-le à l'extérieur jusqu'au moment où vous serez prêt à le décorer.

Un tronc taillé en biseau absorbera plus d'eau, et l'arbre séchera moins rapidement. Rappelez-vous qu'un sapin d'environ 2 m consomme plus de 4 litres d'eau par jour. N'oubliez donc pas de l'alimenter régulièrement en eau, votre sapin est plus glouton qu'il ne le semble.

Prolongez la vie de votre arbre de Noël en ajoutant à l'eau de trempage un peu de sucre ou quelques gouttes de glycérine.

Décorez-le avec soin d'ornements ininflammables et remplacez les ampoules brûlées des guirlandes lumineuses.

Lorsque vous quittez la pièce ou la maison, il est plus prudent d'éteindre les lumières du sapin de Noël. C'est une simple précaution qui peut vous éviter un temps des fêtes désastreux.

Satin

On lave le satin dans de l'eau tiède avec un savon doux. Rincez à l'eau claire et ajoutez un filet de vinaigre et une pincée de sucre au dernier rinçage. Tamponnez le tissu entre des serviettes éponges sans l'essorer. Faites sécher à plat en le recouvrant d'un vieux drap.

Savon de Marseille

Ce savon, qui était à la base un savon artisanal, remplit de multiples usages, tant pour la toilette que pour les nettoyages domestiques. Ce savon d'origine européenne est le pendant du savon que fabriquaient nos grands-mères et qu'on appelle, ici, le savon de pays.

Savon de pays

Voici la recette d'un savon de pays qui est excellent pour la peau, les cheveux, et qui est aussi réputé pour le nettoyage des taches sur les vêtements. En effet, il possède un taux de glycérine très élevé, substance reconnue pour déloger de nombreuses taches.

La fabrication de ce savon demande certaines précautions et peut se faire en famille, sous la supervision d'un adulte, spécialement pour l'utilisation de la soude caustique.

L'ABC DES TRUCS

◆⋅❈ MATÉRIEL ET INGRÉDIENTS ❈⋅◆

- 1 récipient émaillé ou 1 chaudron de granit de 5 ou 6 litres
- 1 récipient de 4 litres ou 1 cruche en verre
- 1 thermomètre
- 1 cuillère de bois
- 1 moule de plastique ou 1 boîte de bois non verni (environ 30 cm x 30 cm)
- 2,3 kg de graisse de cuisine ou 1,8 kg de graisse clarifiée
- 1 boîte de 325 ml de lessive (soude caustique)
- 3 litres d'eau froide

◆⋅❈ MARCHE À SUIVRE ❈⋅◆

- Versez l'eau froide dans la cruche, puis ajoutez lentement la lessive. Remuez doucement pour bien faire fondre les cristaux. Attention, la solution deviendra très chaude ! Laissez-la refroidir légèrement.

- Dans une casserole de granit, faites fondre le gras épuré, soit 1,8 kg, et vérifiez la température régulièrement. Pour former le savon, vous devez conserver la lessive à 27 °C, alors que la graisse doit atteindre 49 °C. Vous ne devez dépasser aucune de ces températures, sinon la réussite est compromise.

- Lorsque le mélange de lessive a atteint 27 °C, versez-le lentement et très délicatement dans la graisse en remuant sans arrêt quelques minutes avec la cuillère de bois. Au bout de 10 minutes, la magie opère : le mélange tourne et prend l'apparence d'une soupe aux pois épaisse. Très lentement, il épaissit et devient peu à peu du savon. Le phénomène se poursuit jusqu'au refroidissement complet.

- Vous pouvez verser le mélange dans des moules déjà préparés. Entourez et couvrez les moules de papier journal afin de conserver la chaleur le plus longtemps possible. Il faut laisser s'écouler de 24 à 48 heures avant de tailler en pains.

- Faites sécher les pains à l'air une quinzaine de jours avant de les utiliser.

Comment clarifier les graisses ?

Conservez au réfrigérateur les graisses, dessus de bouillon, graisses de bacon et de rôti, etc. Mettez-les dans une grande marmite remplie d'eau et faites chauffer. Dès l'ébullition, enlevez la casserole du feu et laissez refroidir afin que la graisse se fige au-dessus de l'eau.

Retirez le gras ou percez simplement un trou de chaque côté de la graisse solidifiée pour laisser l'eau s'écouler. Vous devez recommencer trois fois cette opération jusqu'à ce que la graisse soit épurée.

Ôtez les résidus qui collent sous le gras. La qualité et la couleur du savon dépendront de la pureté de la graisse.

Des précautions à prendre • La soude caustique étant extrêmement corrosive, vous devez prendre plusieurs précautions, surtout s'il s'agit de votre première expérience.

Portez des gants et un vêtement à manches longues. Un masque n'est pas obligatoire, mais il peut vous protéger des vapeurs. Attention à vos yeux.

Protégez le sol et le comptoir avec du papier journal. Vous devez préparer les moules destinés à recevoir le savon avant le début des opérations. Doublez le moule avec un linge (vieux drap, cotonnade, torchon). Il sera plus facile de démouler le bloc de savon par la suite.

Le mélange de l'eau et de la soude caustique dans le récipient de verre devrait se faire dans un grand évier ou une cuve pour éviter tout accident.

Savon liquide maison

Vous pouvez récupérer tous les petits bouts de savon et en faire un savon liquide. Déposez-les dans un bocal. Ajoutez de l'eau bouillante, le jus d'un citron et 5 ml (1 c. à thé) de glycérine. Fermez le bocal et agitez-le vigoureusement jusqu'à ce que les pains de savon soient dissous.

Sécateur

Pour aiguiser les lames d'un sécateur, coupez à plusieurs reprises une feuille de papier abrasif à gros grains.

Séchage

Les rayons du soleil rendent les vêtements blancs plus éclatants. Profitez de l'été pour faire sécher votre linge dehors.

Sécheuse

Lorsque vous mettez de gros articles (couverture, oreiller, rideaux...) dans la sécheuse, ajoutez quelques serviettes éponges : en absorbant l'humidité, elles permettent d'écourter le temps de séchage.

Si vous en avez assez de ces mousses ou résidus de papier-mouchoir qui collent à vos vêtements lors du séchage, réglez le problème en glissant dans la sécheuse deux vieilles paires de bas de nylon et quelques feuilles d'assouplissant textile. Elles capteront toutes les mousses indésirables.

Les vêtements seront beaucoup moins froissés si vous les retirez de la sécheuse alors qu'ils sont encore légèrement humides. Suspendez-les sur des cintres ou utilisez un sèche-linge pour terminer le séchage des vêtements.

Si vous avez oublié les vêtements dans la sécheuse et que vous les retrouvez tous froissés, ajoutez une serviette humide à la brassée et faites fonctionner la sécheuse à nouveau pendant une dizaine de minutes. L'humidité ainsi créée défroissera les vêtements.

Le séchage simultané de vêtements colorés et pâles peut faire grisonner les tissus. Donc, pensez à séparer les couleurs avant de faire sécher votre linge.

Séchoir à linge

Le sèche-linge n'est pas un luxe et il sera rapidement payé avec les économies d'électricité que vous réaliserez avec des temps de séchage écourtés. Une bonne vieille corde à linge suspendue au sous-sol reste aussi une solution pratique.

Semelles de chaussures

Saupoudrer les semelles de talc évitera bien des grincements.

Frotter les semelles glissantes avec un papier émeri fin ou avec une demi-pomme de terre crue évitera peut-être une cascade des plus farfelues.

Serrure gelée (VOIR AUSSI AUTOMOBILE)

Pour éviter que la serrure de votre voiture se givre lorsque votre automobile est stationnée pour un bon moment, posez un simple aimant de cuisine sur la serrure. Rapide et efficace.

Une clé vaporisée d'un peu d'huile tournera plus facilement dans une serrure.

Serviettes éponges

Si un linge ou une serviette semble avoir perdu son côté absorbant, ajoutez tout simplement 125 ml (1/2 tasse) de vinaigre à l'eau au moment de faire la lessive. Vos serviettes redeviendront de véritables éponges.

Les serviettes élimées deviennent d'excellents chiffons pour nettoyer la salle de bain.

Sève des arbres

Certaines graines en tombant des arbres laissent des taches collantes sur les rampes d'escalier, les voitures, etc. Un simple jet de fixatif pour cheveux réglera le problème. Laissez agir quelques minutes et essuyez avec un essuie-tout.

Soie

Les vêtements de soie seront plus brillants si vous les lavez dans de l'eau tiède avec un savon doux liquide ne contenant pas d'enzymes. Rincez-les dans de l'eau additionnée de quelques gouttes de jus de citron.

Il est préférable de laver la soie à la main sans la laisser tremper. Surtout, il faut éviter de tordre le vêtement, afin de ne pas casser les fils fragiles qui la composent. Suspendez sur un cintre gonflable ou que vous aurez entouré d'une serviette.

Si vous avez peur que votre écharpe de soie multicolore déteigne, rincez-la avec de l'eau additionnée de vinaigre, puis étendez-la sur une serviette pour la faire sécher.

Il est préférable de repasser la soie alors qu'elle est encore légèrement humide. Retournez le tissu, repassez-le à basse température, sans vapeur, puis suspendez-le. Si vous devez plier un vêtement de soie pour le ranger dans une commode ou une valise, enveloppez-le de papier de soie pour en protéger les fibres.

On enlève une tache de gras sur de la soie en la saupoudrant de talc. Laissez pénétrer, couvrez la tache d'une feuille de papier de soie et repassez avec un fer réglé à un faible degré de chaleur.

Souris

Si vous détestez les souris qui ont pris leurs quartiers dans vos murs, avant d'installer des trappes, souvenez-vous que ces petites espiègles, plus intelligentes que vous ne le croyez, dépistent facilement l'odeur humaine. Portez des gants de caoutchouc pour préparer le piège. Et, si vous attrapez une souris, lavez bien et rincez le piège après avoir jeté la souris morte, dont l'odeur serait vite détectée par ses congénères.

Si vous connaissez la cachette de la petite souris qui hante votre intérieur, saupoudrez allègrement de piment de Cayenne ou même de poivre noir en grains les environs de l'endroit repéré. Le

déménagement sera rapide. Vous pouvez aussi y déposer plusieurs boules d'ouate imbibées d'huile essentielle d'eucalyptus. Les souris détestent cette odeur ainsi que celle de la menthe fraîche.

Sous-vêtements

Les sous-vêtements de nylon qui ont perdu leur éclat redeviendront blancs si vous ajoutez un peu de peroxyde à 10 volumes dans l'eau de rinçage. À l'inverse, vous pouvez leur donner une teinte vieillotte en les laissant tremper toute une nuit dans de l'eau chaude additionnée de plusieurs sachets de thé. Au matin, vous trouverez une lingerie écrue.

Stores

Stores en aluminium • Époussetez les stores une fois par semaine avec un plumeau. Lavez-les avec un chiffon imbibé de détergent doux ou de liquide à vaisselle. Peu d'entreprises confectionnent des stores dont l'extrémité supérieure peut être immergée dans l'eau. Vérifiez ce détail auprès du fabricant afin de vous éviter des ennuis.

Stores en tissu plissé • Ces stores étant faits généralement en tissu 100 % polyester, il suffit de les laver avec un linge humide imbibé de détergent doux. Ils ne doivent jamais être immergés dans l'eau. Laissez-les fermés deux ou trois heures pour qu'ils conservent leurs plis. Un époussetage hebdomadaire avec un plumeau diminuera la fréquence des lavages.

Stores en bois • Les stores en bois ne doivent jamais être immergés dans l'eau. Il suffit de les nettoyer avec un linge humide imbibé d'un détergent doux ou d'un savon pour le bois. L'utilisation de cire n'est pas recommandée.

Stores en vinyle • Fermez les stores, vaporisez-les avec un nettoyant pour les vitres. Frottez avec un vieux bas de laine pour éviter de vous blesser aux doigts. Les stores peuvent aussi être lavés à grande eau. Essuyer les stores avec une feuille d'assouplissant textile éliminera l'électricité statique qui retient la poussière.

Stores en stratifié • On peut utiliser de l'eau savonneuse et un linge doux. Rincer et polir avec un produit pour les vitres.

Stylos-feutres

Rallongez la vie des feutres desséchés des enfants en versant quelques gouttes de vinaigre dans le réservoir des crayons.

Suède

Un bon brossage avec une vieille brosse à dents redonne de l'éclat aux chaussures en suède. Si le suède est devenu luisant, un simple coup de papier émeri fin les rajeunira.

Le simple fait de frotter les chaussures en suède avec une vieille paire de bas de nylon ravivera le daim.

On enlève les taches de graisse sur les chaussures avec un chiffon imbibé de vinaigre.

Le col et les poignets d'un manteau de suède ont tendance à foncer rapidement à cause du gras de l'épiderme. Saupoudrez les taches de talc, laissez reposer afin que la poudre absorbe le gras, puis brossez énergiquement. Vous pouvez aussi frotter les taches avec de la mie de pain, qui absorbera les taches grasses.

Les taches peuvent être enlevées avec du Club Soda. Brossez bien ensuite le suède pour lui redonner son aspect naturel.

Table à pique-nique

Un drap-housse de lit jumeau fait une excellente nappe pour une table à pique-nique. Il épouse parfaitement la table, tient bien en place et ne peut s'envoler.

Table bancale

Inutile de sortir votre scie pour essayer d'équilibrer ce meuble qui vous fait sortir de vos gonds. Placez sous le pied le plus court quelques rondelles de feutre autocollantes, que vous pouvez superposer jusqu'à ce que vous obteniez la bonne hauteur.

L'ABC DES TRUCS DE MADAME CHASSE-TACHES

Tableau à la peinture à l'huile

L'oignon possède des propriétés chimiques qui le rendent très efficace pour nettoyer la saleté superficielle qui se dépose sur les tableaux peints à l'huile. Frottez la toile avec une tranche d'oignon, qui ne tardera pas à devenir grisâtre. Utilisez d'autres rondelles d'oignon jusqu'à ce que le nettoyage soit terminé.

On peut aussi nettoyer la surface des peintures à l'huile avec un linge doux ou un tampon d'ouate enduit de vaseline.

Tableau au petit point

Il est possible de raviver les couleurs fades d'une tapisserie ou d'un travail au petit point encadré depuis un bon moment. Passez du sel mouillé, en frottant légèrement avec la paume de votre main, sur le fil à broder ou la laine. Laissez sécher et passez l'aspirateur pour enlever tout résidu de sel séché.

Tableau de liège

Pour empêcher un tableau de liège de craquer, protégez-le en le frottant régulièrement avec un linge humide imprégné de glycérine.

Tableau noir

Si les enfants ont barbouillé avec des crayons à colorier le tableau noir, vous devez le nettoyer avec une éponge douce et une pâte composée de bicarbonate de soude et d'eau. Frottez délicatement afin de ne pas rayer la surface.

Taie d'oreiller usagée (RÉUTILISATION)

À l'heure du lavage, mettez dans une taie usagée toutes les chaussettes et fermez avec un cordon ou un élastique. Vous n'aurez plus à courir après les chaussettes perdues et il sera plus facile de reconstituer les paires.

Une taie d'oreiller par membre de la famille facilite encore plus le tri.

Efficace pour le lavage des chaussettes, mais aussi bon dépanneur pour le lavage des tissus délicats, articles de lingerie, toutous en peluche, chaussures de sport.

Talons des chaussures

On protège les talons et les extrémités des chaussures dont le cuir s'endommage très rapidement, spécialement lors de la conduite automobile, en vaporisant du fixatif à cheveux sur ces parties plus malmenées.

Une couche de vernis à ongles incolore peut aussi protéger le cuir des talons.

Tapis

Mélangez 30 ml de détergent liquide, 45 ml de vinaigre et 60 ml d'eau tiède. Frottez les taches sans imbiber complètement les fibres du tapis. Épongez avec un linge blanc ou un essuie-tout après chaque application. Une fois la tache disparue, placez une serviette éponge propre sur le tapis et piétinez-la de façon à ce qu'elle absorbe rapidement l'humidité.

Ajoutez 15 ml de vinaigre au shampooing que vous utilisez pour nettoyer les tapis. Les vieilles taches disparaîtront plus facilement.

La crème à raser et le Club Soda enlèvent une multitude de taches fraîches sur un tapis. Rincez ensuite à grande eau et laissez sécher.

Fait aussi surprenant, le chou vert peut nettoyer un petit tapis. Frottez le tapis avec un demi-chou ou râpez un chou vert sur le tapis. Retirez le chou au fur et à mesure que vous le verrez changer de couleur et qu'il aura absorbé les saletés. Laissez aérer et bien sécher le tapis pendant quelques heures.

Lorsque vous nettoyez une tache sur le tapis, faites toujours un essai dans un endroit peu visible. Vous éviterez des surprises désagréables.

Commencez à frotter les bords extérieurs de la tache en poursuivant vers le centre.

Lorsque vous déplacez des meubles et constatez que les fibres du tapis ont été aplaties, déposez quelques cubes de glace sur les fibres écrasées. Après quelques heures, relevez les fibres avec une fourchette.

Si un tapis dégage une mauvaise odeur, saupoudrez-le de bicarbonate de soude. Laissez agir deux ou trois heures, puis passez l'aspirateur.

Ce mélange « magique » enraie les odeurs d'humidité dans un tapis. Mélangez 250 ml (1 tasse) de farine de maïs à 125 ml (1/2 tasse) de borax. Saupoudrez le tapis de ce mélange et attendez 1 heure avant de passer l'aspirateur.

Protégez vos parquets en posant sous les pattes des meubles des retailles de tapis. Si vous ne possédez pas de couteau à tapis, utilisez un couteau électrique pour découper les petits morceaux de tapis.

Tapis antidérapant

Si un petit tapis a tendance à glisser, collez à l'endos de la carpette des appliques antidérapantes qui sont destinées aux baignoires. Plus aucun risque de tomber d'un tapis volant...

Tapis d'automobile et tapis d'hiver

On enlève les taches de calcium après un rude hiver avec une eau fortement vinaigrée. Le tapis d'hiver doit être bien nettoyé avec l'eau vinaigrée, bien asséché avant d'être rangé jusqu'à l'hiver suivant.

Tapis de caoutchouc

Les petits tapis de salles de bains ou d'entrée caoutchoutés peuvent être lavés dans la machine à laver avec le détersif habituel. Déposez deux ou trois grandes serviettes de plage pour protéger le tapis lors du lavage.

L'ABC DES TRUCS

Tapis d'Orient

L'utilisation quotidienne d'un aspirateur est recommandée pour enlever la poussière. Pour dépoussiérer un tapis en profondeur, étendez-le, velours en dessous, sur un gazon humide de rosée et frappez-le doucement avec un battoir à tapis. Après l'avoir remis en place, passez l'aspirateur.

On peut aussi procéder à ce nettoyage en hiver en étendant le tapis sur une couche de neige propre, laissant le tapis s'imprégner d'humidité pendant une heure. On suspend ensuite le tapis et on le frappe doucement pour éliminer la neige et le surplus de poussière. Laissez le tapis s'aérer avant de le rentrer dans la maison.

En général, les taches ne s'incrustent pas dans un tapis d'Orient de bonne qualité. Il suffit d'éponger l'endroit taché puis de le rincer avec un peu d'eau.

Si vous rangez un tapis pour une longue période, il est conseillé de le rouler et de le protéger des mites et des autres insectes.

Téflon

Voici comment remettre à neuf vos poêlons. Mélangez 250 ml d'eau, 125 ml d'eau de Javel et 30 ml de bicarbonate de soude. Faites bouillir une très petite quantité à la fois de ce mélange pendant cinq minutes dans chaque poêlon.

Téléphone

Utilisez une boule d'ouate imbibée d'alcool à friction pour nettoyer et désinfecter le téléphone. On ne peut imaginer la quantité de bactéries qui prolifèrent sur ces appareils.

Téléphone cellulaire

Pour lutter contre la buée, utilisez le même truc que pour une montre (voir à ce mot).

Téléviseur

Oubliez les produits en aérosol, dommageables pour l'écran. Le produit pourrait aussi s'infiltrer facilement entre les fentes. Utilisez plutôt un linge sec ou légèrement imbibé d'eau ou d'un produit nettoyant.

L'écran du téléviseur se couvre facilement d'une fine couche de poussière. Essuyez-le avec une feuille d'assouplissant textile. Vous réduirez ainsi l'électricité statique, et la poussière y collera moins rapidement.

Théière

Pour nettoyer une théière tachée, frottez l'intérieur avec un chiffon mouillé et du gros sel.

Rincez ensuite avec de l'eau vinaigrée. Une théière en porcelaine se nettoie facilement avec du bicarbonate de soude légèrement humecté, que vous étendez avec vos doigts sur toutes les parois intérieures en frottant.

Avant de ranger une théière en porcelaine que vous utilisez occasionnellement, glissez un morceau de sucre à l'intérieur, afin d'éviter qu'elle absorbe des odeurs désagréables.

Tiroir

Pour faire taire un tiroir bruyant et récalcitrant, lubrifiez-en les coulisses en les barbouillant avec un crayon à mine de plomb, de la cire de chandelle ou de la vaseline.

Si vous désirez aspirer la poussière dans un petit tiroir où se trouvent plusieurs objets, utilisez l'embout du tube de votre aspirateur

que vous recouvrez d'un bas de nylon. La poussière sera aspirée en laissant en place les petits objets.

Tissu bleu

Le vinaigre fixe les couleurs et est particulièrement efficace sur les cotons bleus ou violets. Dans l'eau de trempage, versez-en environ 45 ml pour 1 litre d'eau et vos tissus garderont leurs belles couleurs.

Tissu noir

Lorsque vous voulez savoir si un vêtement noir déteint, et avant de trouver un gâchis dans votre laveuse, faites ce test : placez un bout du tissu entre deux épaisseurs de tissu blanc et déposez-y un fer à la vapeur très chaude. Si la couleur teinte le tissu blanc, c'est que le vêtement déteint. Il vaudra donc mieux éviter de le mettre en contact avec d'autres vêtements au moment du lavage.

Pour raviver le noir des lainages, faites-les tremper dans l'eau de cuisson des épinards. Retirez, bien sûr, les épinards et conservez l'eau à la température de la pièce avant d'y plonger vos vêtements.

Une solution d'eau et de café peut aussi raviver la couleur des tissus noirs. Vous n'avez qu'à imbiber un linge propre de café noir. Déposez cette pattemouille sur le tissu avant de le repasser.

Tissu rouge

Le coton rouge pâlit à la suite de nombreux lavages. Il peut être ravivé en le laissant tremper dans de l'eau additionnée de jus de citron, à raison de 5 ml pour 1 litre d'eau.

Toile

Pour rafraîchir une toile non vernie, passez une boule d'ouate imbibée d'alcool à brûler sur toute sa surface en procédant par petites touches. Changez la ouate au fur et à mesure du nettoyage. Asséchez avec un chiffon doux.

Par contre, pour nettoyer une toile vernie, préparez un mélange moitié-moitié de térébenthine et d'huile de lin, et imbibez-en une boule d'ouate. Frottez le vernis par petites touches et changez la ouate régulièrement. Asséchez en frottant la toile avec un linge de lin.

Toile cirée

On redonne de l'éclat à une toile cirée en la frottant avec le mélange suivant : 500 ml d'eau, 1 œuf battu et 5 ml de sucre en poudre. Rincez à l'eau claire et essuyez avec un chiffon doux.

On peut aussi laver la toile cirée avec un peu de lait dilué dans l'eau chaude.

Si la toile est marquée par un plat chaud que vous y avez déposé, frottez-la avec un chiffon imbibé d'huile camphrée.

Toilettes (CUVETTE)

Enlevez les cernes en versant 500 ml de vinaigre dans la cuvette. Laissez agir une nuit entière. Le gros sel mélangé au vinaigre chaud enlève les cernes jaunâtres laissés par une eau dure ou le calcaire.

Vous pouvez y verser aussi une bonne dose de cola. Laissez agir une heure ou deux avant d'actionner la chasse d'eau après un bon coup de brosse.

Les taches incrustées dans l'émail sont plus difficiles à déloger. Un linge imbibé de térébenthine en viendra facilement à bout.

Il est bien entendu que le javellisant versé dans la cuvette nettoie et désinfecte les toilettes. Vous pouvez aussi vous procurer, dans un magasin de vente de piscines, une rondelle de chlore que vous déposerez à l'intérieur du réservoir.

Les taches de rouille disparaissent avec de l'acide oxalique. Laissez agir une quinzaine de minutes avant d'essuyer les taches. Au besoin, répétez l'opération.

L'ABC DES TRUCS

Les cernes difficiles à faire disparaître pâliront avec cette pommade. Mélangez une bonne portion de borax à du jus de citron. Asséchez le plus possible la cuvette de la toilette en retirant l'eau avec un petit récipient. Appliquez la pâte sur les cernes et laissez agir pendant deux heures avant de tirer la chasse d'eau.

Si vous désirez savoir si vos toilettes fuient, versez quelques gouttes de colorant alimentaire dans l'eau du réservoir. Vérifiez après une trentaine de minutes ; si l'eau de la cuvette est colorée sans que vous ayez actionné la chasse, il serait bon de changer la soupape du réservoir.

Tondeuse

L'entretien annuel de la tondeuse doit être effectué par un spécialiste. Lors de l'utilisation, une certaine prudence s'impose. Il est important de ramasser les cailloux ou tout autre débris qui pourraient être projetés violemment vers vous ou vos enfants. Un accident qui peut facilement être évité !

Toutou en peluche

Quand ces petits animaux ne sont pas lavables, on les saupoudre généreusement de fécule de maïs, on laisse bien pénétrer et on brosse énergiquement le toutou.

Traîneau et toboggan

Rien ne glisse à votre goût ? Frottez-les avec du papier ciré, et vous voilà partis pour une longue descente !

Tuyaux

Jetez des grains de café dans votre évier. Ils nettoient les tuyaux et empêchent les dépôts de gras de se former.

L'ABC DES TRUCS DE MADAME CHASSE-TACHES

Le simple fait de verser une bouilloire d'eau bouillante dans chacun des renvois d'eau une fois par mois peut vous éviter de gros problèmes.

Les crépines (ramasse-cheveux) vendues en quincaillerie ne sont pas des gadgets. Déposez-en une sur l'orifice d'évacuation ; vous serez surpris de constater la quantité incroyable de cheveux qu'elle peut retenir.

On peut aussi nettoyer un tuyau en y versant 30 ml de bicarbonate de soude et 125 ml de vinaigre. Placez le bouchon et laissez reposer une trentaine de minutes avant de rincer à l'eau chaude.

Lorsque vous effectuez un travail de soudure, utilisez du pain pour faire un bouchon dans le tuyau à réparer et pour éponger les gouttes d'eau. Une fois le travail terminé, l'eau recommencera à circuler dans les tuyaux et le pain se désagrégera.

Par temps très froid, avant que les tuyaux éclatent, entourez le siphon (sous l'évier) de chiffons imbibés d'eau chaude. Pour dégeler les tuyaux extérieurs, versez de l'eau bouillante sur la partie gelée ou utilisez un séchoir à cheveux pour les réchauffer. N'oubliez pas d'ouvrir au préalable les robinets afin de permettre à l'eau de s'écouler dès que le conduit sera dégelé.

On peut aussi dégeler un tuyau en versant du sel dans l'ouverture d'un évier jusqu'à la formation d'un bouchon de sel. Versez ensuite de l'eau bouillante sur le sel. La glace fondra graduellement.

Ustensiles de bois

Après chaque utilisation, lavez les ustensiles dans l'eau chaude savonneuse.

Évitez de les laisser tremper dans l'eau. Lavez-les et rincez-les dans l'eau additionnée de bicarbonate de soude. Les ustensiles de bois ne se lavent pas au lave-vaisselle.

Frottez-les régulièrement avec un essuie-tout imbibé d'huile d'olive.

Vaisselle

Un bouchon de liège imbibé de jus de citron enlève les taches rebelles sur la vaisselle.

Les comprimés destinés aux prothèses dentaires enlèvent aussi les taches incrustées.

Avant de ranger les assiettes de porcelaine, glissez une assiette cartonnée entre chacune d'elles. Vous éviterez ainsi les égratignures et les fendillements.

Vaisselle ancienne

Il n'est pas recommandé de laver la vaisselle ancienne, plus fragile, au lave-vaisselle. Un petit lavage à la main vaut mieux pour conserver à ces pièces toute leur valeur.

Le four à micro-ondes non plus n'est pas recommandé, au risque de voir vos belles bordures dorées s'enflammer.

Valise

Pas toujours facile de reconnaître votre valise sur le carrousel à l'aéroport. Plusieurs nouent un ruban, un bout de tissu à la poignée de la valise. Le meilleur truc pour repérer votre valise au premier coup d'œil, c'est de coller un ruban adhésif de couleur vive et contrastante à la couleur de vos valises sur les deux faces de la valise. À vous de choisir votre identification préférée : des lignes verticales, horizontales, vos initiales, etc.

Les vacances terminées, avant de ranger votre valise, déposez-y une savonnette ou des feuilles d'assouplissant textile avant de la fermer. Lors des prochaines vacances, vous retrouverez une valise sans odeur de renfermé.

Vaporisateur

On trouve ces bouteilles à prix mini dans tous les magasins. Elles vous permettent de préparer vos mélanges de produits nettoyants bien identifiés et de les conserver quelques semaines dans votre armoire.

Par exemple : vous pouvez mélanger quelques gouttes de savon à vaisselle à un litre d'eau et utiliser cette solution pour nettoyer toutes les petites taches sur les murs, comptoirs, etc.

Vous pouvez aussi préparer la solution de nettoyage pour les vitres (eau et vinaigre), qui se conserve quelques semaines.

Vous n'avez qu'à agiter la bouteille avant utilisation.

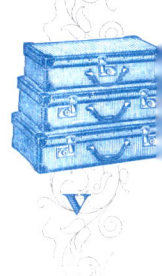

Vases (VOIR CARAFES)

Velcro

Si les fermetures en velcro sont recouvertes de peluches, frottez-les avec une brosse à dents.

Vélo

Si votre vélo montre quelques taches de rouille, essayez cette recette : préparez une pâte avec 90 ml de sel et 30 ml de jus de citron. Frottez la rouille avec un linge sec et cette pâte. Rincez et séchez le vélo.

Velours (VOIR AUSSI MEUBLES DE VELOURS)

Pour repasser un vêtement de velours, vous devez procéder à l'envers du tissu en prenant soin de couvrir au préalable votre planche à repasser d'une grande serviette éponge. Faites glisser le fer sans trop appuyer pour ne pas écraser les fibres.

L'utilisation de la vapeur est nécessaire.

Pour enlever une marque causée par la chaleur de votre fer, frottez le velours taché et mat avec un peu d'eau additionnée d'une bonne pincée d'alun. Laissez sécher le produit avant de brosser le velours dans le sens de la fibre.

Passez une peau de chamois humide sur le velours pour le raviver.

Pour enlever une tache incrustée, frottez-la avec un peu de sable fin.

Ventilateur de plafond

Les ventilateurs de plafond se couvrent rapidement de gras et de poussière. La façon la plus rapide de les nettoyer est de glisser vos mains dans deux bas imbibés de très peu d'eau savonneuse. Passez ensuite une main sur le dessus de la pale et l'autre en dessous. Rincez et séchez rapidement de la même façon.

Profitez de l'occasion pour nettoyer les lustres attachés aux ventilateurs. Un lave-vitre en aérosol nettoie bien les lustres. Polir ensuite avec un linge doux.

On peut aussi appliquer une couche de cire incolore sur les pales pour les protéger de la poussière. Il est préférable de couper l'alimentation électrique avant cette opération de ménage. Profitez de ce moment pour vérifier et resserrer les vis du support.

Lors des travaux de peinture au plafond, recouvrez les pales avec de grands sacs à déchets. Vous vous éviterez ainsi une corvée de nettoyage.

Vernis

Évitez de brasser le pot de vernis que vous désirez appliquer. Mélangez plutôt lentement le vernis avec une baguette de bois. Vous éviterez ainsi la formation de bulles lorsque vous vernirez une surface.

Vernis à ongles

Le vernis à ongles conservé au réfrigérateur reste plus liquide et par le fait même est plus facile à appliquer.

Si le vernis a épaissi, ajoutez-y quelques gouttes de dissolvant ou laissez tremper la bouteille fermée quelques minutes dans une casserole d'eau bouillante. Le vernis reprendra sa consistance originale.

En appliquant un peu de vaseline sur les filets du col et du bouchon d'une bouteille de vernis à ongles, vous l'empêcherez de coller et vous n'aurez aucune difficulté à ouvrir le contenant.

Verre brisé

Un pain de savon humide est idéal pour ramasser tous les petits débris de verre après un dégât. Il faut évidemment le jeter par la suite puisqu'il sera couvert de verre.

Sur le plancher, vous pouvez aussi utiliser un balai dont vous mouillez l'extrémité avant de l'utiliser.

Vous ramasserez tous les morceaux, même ceux qui semblent invisibles.

Verres

Lorsque des verres sont coincés l'un dans l'autre, remplissez le verre du dessus d'eau froide ou de glace, tandis que celui du dessous trempe dans l'eau chaude.

Lavez les verres au lave-vaisselle avec votre savon habituel et, avant le cycle de rinçage, ajoutez 250 ml de vinaigre blanc dans le fond de l'appareil. Les verres ressortiront propres et éclatants.

Avec le temps, il se forme une pellicule blanchâtre sur le verre. Frottez les surfaces altérées avec une éponge imbibée de vinaigre. Il est plus difficile de déloger le film blanchâtre sur les verres qui sont souvent lavés au lave-vaisselle. Récurez-les avec un tampon de laine d'acier imbibé de vinaigre. S'ils ne redeviennent pas clairs, c'est que la cause est désespérée et que les taches sont permanentes.

Il est préférable d'utiliser un torchon en lin pour essuyer les verres, car il ne laisse pas de charpie. Si vous utilisez des torchons en coton, vaporisez-les régulièrement d'empois. Ils laisseront moins de mousse sur la vaisselle.

Vers de terre

Pour voir apparaître les vers de terre, arrosez un petit coin de terre d'eau salée ou ajoutez environ 15 ml d'eau de Javel à un bon seau d'eau. Les vers apparaîtront rapidement et la collecte sera facile.

Vêtement froissé

Si vous n'êtes pas à la maison et que vous ne disposez pas d'un fer à repasser, suspendez vos vêtements dans la salle de bains après

avoir laissé couler une douche très chaude. La vapeur redonnera belle allure aux vêtements. Un vieux truc de soldat pour plier un pantalon froissé en respectant les bons plis : glissez le pantalon entre le sommier et le matelas. Dormez sur vos deux oreilles, au lever votre pantalon sera bien repassé.

Vêtement lustré

Pour enlever le lustre brillant causé par l'usure et le repassage sur les vêtements, humectez un linge propre d'eau et de vinaigre. Servez-vous de cette pattemouille pour repasser les vêtements, qui reprendront leur aspect original.

Vêtement plié

Lorsque vous devez plier un vêtement pour le ranger dans un tiroir ou une valise, pliez-le dans le sens de la longueur. Lorsque vous porterez le vêtement, la gravité défroissera plus rapidement un pli vertical qu'un pli horizontal.

Vêtement rallongé

On enlève la trace laissée sur un vêtement rallongé en repassant l'envers du tissu après avoir humecté le pli avec un peu de vinaigre.

Vidéocassettes

Pour une bonne qualité de l'image, il vaut mieux se procurer des cassettes de qualité, car un ruban bas de gamme perdra des particules qui encrasseront les têtes de lecture et bloqueront le système. Conservez vos cassettes dans les boîtes cartonnées prévues à cet effet, car la poussière est l'un des éléments qui causent le plus de tort à votre lecteur.

Un ruban utilisé à répétition pour enregistrer vos émissions préférées perd peu à peu sa couche d'oxyde. Au-delà de deux cents enregistrements, sachez que le ruban commence à se détériorer,

et vous ne connaissez jamais le moment où il cassera et bloquera tout votre appareil.

Rangement • Il est préférable de ranger les cassettes dans un endroit tempéré. Rembobinez les cassettes et placez-les dans des boîtes rigides en position verticale, la bobine pleine vers le bas. Pour vous éviter de chercher, noter les informations détaillées sur les étiquettes collées sur la cassette et sur la boîte. Si vous craignez un effacement par erreur, vous pouvez verrouiller les cassettes avant de les ranger.

Évitez la proximité des champs magnétiques, tels que le téléviseur, les haut-parleurs, les moteurs électriques.

Tous les trois à cinq ans, effectuez un débobinage-rembobinage afin d'empêcher les particules magnétiques d'y coller.

Viscose

On peut laver les vêtements de viscose dans la lessiveuse. Évitez de tordre ou d'essorer et suspendez pour faire sécher, ou si vous préférez la sécheuse, choisissez une température tempérée. L'utilisation d'eau de Javel n'est pas recommandée. Si un repassage s'impose, vous ne devez pas vaporiser d'eau, au risque de voir apparaître des cernes. Repassez la viscose légèrement humide avec un fer à chaleur moyenne.

La viscose a tendance à rétrécir au séchage. Un repassage sur un tissu légèrement humide avec un fer à chaleur moyenne peut lui redonner sa forme initiale.

Visser

Il est plus difficile de visser dans un bois dur. Si vous graissez la vis avec un peu de vaseline, le travail sera plus facile.

Si l'orifice s'est agrandi et que vous ne pouvez remplacer votre vis par une plus longue, insérez un bout d'allumette de bois ou quelques cure-dents dans l'orifice, ajoutez un peu de colle blanche, puis vissez

à nouveau. Vous pouvez aussi entourer le filet de la vis de quelques filaments de laine d'acier ou d'une ficelle fine.

Dévisser • Si vous ne parvenez pas à desserrer une vis, chauffez la pointe du tournevis sous la flamme avant d'essayer à nouveau.

Une vis peinte peut être chauffée à la flamme d'une allumette pour ramollir la peinture et faciliter le dévissage.

Par contre, si une vis est rouillée, enduisez-la d'essence à briquet, d'un mélange d'huile et de dissolvant de vernis à ongles ou de vinaigre. Répétez l'opération jusqu'à ce que la rouille diminue et que la vis n'oppose plus de résistance.

Le cola et l'eau oxygénée agissent sur les boulons rouillés et permettent de les desserrer plus facilement.

Vitres et carreaux

Éraflures • Pour enlever les éraflures sur un carreau de fenêtre, utilisez du dentifrice extra-blanchissant et polissez vigoureusement le verre avec un chiffon sec pendant deux bonnes minutes.

Si vous avez à retirer une vitre brisée d'une fenêtre, vous devez premièrement penser à protéger vos mains avec des gants de travail ou même avec des mitaines pour le four. Ensuite, vous collez plusieurs bandes de papier adhésif sur le carreau cassé. Recouvrez le verre de la fenêtre avec une serviette éponge et tapez doucement avec un marteau afin de retirer les morceaux de vitre sans pour autant la faire éclater en plusieurs morceaux.

Nettoyage • Profitez du beau temps, mais évitez que le soleil darde vos fenêtres pour laver les carreaux avec des nettoyeurs économiques que vous pouvez concocter en quelques minutes. Le papier journal roulé en tampon est excellent pour nettoyer les vitres.

L'ABC DES TRUCS

RECETTE 1

Mélangez 5 ml d'assouplissant textile et 5 ml de fécule de maïs dans 1 litre d'eau. Versez dans une bouteille à vaporiser.

RECETTE 2

Mélangez 175 ml de jus de citron ou de vinaigre dans 1 litre d'eau.

Pour éclaircir les fenêtres, du papier journal, un chamois, une brosse à tableau ou une raclette que vous passez du haut vers le bas sera très efficace.

Les taches laissées par les moustiquaires sur les fenêtres s'enlèvent avec du nettoyant à four. Laissez reposer une quinzaine de minutes et rincez bien. Prenez bien soin de ne pas vaporiser le produit sur les cadres en bois ou en aluminium, au risque de les décolorer.

Si vous devez laver une fenêtre vraiment sale durant la saison froide, ajoutez une bonne quantité d'antigel au liquide que vous utilisez pour nettoyer les vitres ou employez le lave-glace qu'on destine généralement aux voitures.

Pour empêcher la formation de givre, vous pouvez aussi rincer les vitres avec la solution suivante : 30 ml de glycérine mélangés à 500 ml d'eau. Vous pouvez aussi frotter généreusement les vitres avec de l'alcool de bois. Laissez sécher avant de répéter l'opération à deux reprises.

Peinture • Lors des travaux de peinture, trempez des bandes de papier journal dans de l'eau chaude et collez-les sur les vitres pour les protéger ; elles y adhéreront facilement. Quand la peinture est terminée, retirez les bandes, pour des vitres immaculées.

Par contre, si quelques gouttelettes de peinture ont taché les carreaux, humectez-les de vinaigre et grattez avec une lame de rasoir ou une pièce de monnaie en effectuant un mouvement circulaire.

2

Les taches les plus courantes

Avant de se lancer à l'attaque des taches, voici quelques notions dont il faut se souvenir.

- Il est beaucoup plus facile d'enlever une tache sur un tissu avant de mettre le vêtement dans la machine à laver et, surtout, avant de le glisser dans la sécheuse, qui a pour effet de faire cuire la tache.
- L'eau chaude risque de fixer à jamais une tache sur un tissu. Il est préférable de faire vos expériences de nettoyage avec de l'eau froide.
- Ne frottez pas une tache due à un renversement de liquide, épongez immédiatement le liquide avec du papier absorbant. Vous éviterez ainsi que la tache se répande.
- Enlevez la tache le plus tôt possible en frottant légèrement et avec patience. Au besoin, si vous hésitez, faites un essai sur une partie invisible du tissu ou à l'intérieur d'une couture, car certains

produits peuvent se révéler assez puissants pour endommager le tissu.
- On enlève une tache en effectuant un mouvement circulaire, en frottant de l'extérieur vers l'intérieur.
- En confiant un vêtement taché au nettoyeur, n'oubliez pas de bien préciser le type de tache et si elle est récente ou ancienne. Vous pouvez faufiler à grands points le contour de la tache sur le vêtement. On portera une attention spéciale à cet endroit et vous aurez de bonnes chances que le vêtement vous soit remis complètement détaché.

Acide

En général, les taches d'acide s'enlèvent avec de l'eau additionnée d'ammoniaque (environ 15 ml pour 250 ml d'eau). Après avoir nettoyé les taches, rincez immédiatement à l'eau froide. Si un tissu coloré est endommagé par l'ammoniaque, neutralisez immédiatement avec du vinaigre blanc.

Alcool (VERRE D')

Sur le bois ciré : humectez la tache avec de la térébenthine et polissez ensuite avec de la cire. Vous pouvez aussi frotter la tache avec de l'huile de lin et un peu de poudre de pierre ponce. Polissez ensuite en appliquant une bonne couche d'huile de lin.

Sur du tissu : de l'eau froide additionnée de vinaigre blanc nettoie les tissus blancs lavables, alors que les tissus colorés doivent être rincés à l'eau froide additionnée de quelques gouttes d'eau oxygénée.

Sur tous les tissus synthétiques : frottez la tache avec un pain de savon ou appliquez quelques gouttes de détergent. Laissez agir avant de laver à l'eau froide.

Sur un tapis : absorbez l'alcool avec des essuie-tout et épongez ensuite la tache avec de l'eau chaude.

LES TACHES LES PLUS COURANTES

Betterave

Vaporisez la tache de crème à raser. Couvrez d'un essuie-tout. Frottez l'envers du tissu afin que la tache s'imbibe dans l'essuie-tout.

Sur une nappe, épongez la tache le plus tôt possible avec une tranche de pain imbibée d'eau froide. Enlevez ensuite les résidus de la tache en tendant le tissu sur un bol avec une bande élastique (tambour). Versez de l'eau bouillante sur la tache, qui disparaîtra instantanément.

Bière

Sur le bois : frottez généreusement avec de l'huile de lin. Si la tache persiste, utilisez de la cendre de cigarette pour frotter la tache et polissez ensuite avec de l'huile de lin.

Sur un tissu : généralement, un peu de détergent et d'eau suffisent pour venir à bout des taches de bière. Si le tissu souillé est non lavable, épongez la tache avec du combustible à fondue, puis frottez avec un morceau de savon sec. Laissez sécher, brossez et passez un chiffon imbibé d'eau froide.

Sur un tapis : on nettoie les taches avec du Club Soda ou de l'eau tiède. Asséchez en épongeant.

Boisson gazeuse

Les taches de cola disparaissent habituellement au lavage avec un bon détergent. Si des taches persistent, imbibez-les de glycérine, laissez reposer quelques heures avant de rincer à l'eau froide. Lavez à nouveau.

Bonbons

Un lavage à l'eau tiède s'impose pour faire fondre le sucre. Généralement, un lavage avec un bon détersif élimine les taches de colorant.

L'ABC DES TRUCS DE MADAME CHASSE-TACHES

Boue

Sur du tissu : vous avez roulé à bicyclette sous la pluie, et vos vêtements portent des éclaboussures de boue ; pas facile à faire disparaître avec de l'eau et du savon ! Enlevez la boue séchée avec une demi-pomme de terre ou encore imbibez les taches d'un nettoyant domestique, comme M. Net. Laissez agir toute une nuit, avant de glisser le vêtement dans la lessive. Il ne faut surtout pas utiliser d'eau de Javel, inefficace sur ce type de tache.

Après avoir laissé sécher la boue, brossez énergiquement et nettoyez avec le mélange suivant : 500 ml (2 tasses) d'eau et 30 ml (2 c. à soupe) de borax.

Si les marques de boue résistent au lavage, appliquez un jaune d'œuf et lavez de nouveau le vêtement.

L'alcool méthylique ou un savon de pays, un savon de Marseille ou un savon contenant un haut taux de glycérine donnent également de bons résultats pour enlever les taches tenaces.

Sur un tapis : saupoudrez la tache avec de la fécule de maïs ou du sel. Laissez sécher et passez l'aspirateur.

L'alcool méthylique dilué dans un peu d'eau enlève aussi les taches de boue et d'eau de pluie sur les tapis.

Brûlure

Sur un meuble en bois : frottez la trace roussie avec un peu de mayonnaise. Laissez reposer une vingtaine de minutes avant de polir.

Sur du tissu blanc : frottez la tache avec de l'eau oxygénée à 20 volumes et rincez à l'eau froide.

Sur du tissu coloré : lavez avec un bon détersif à l'eau tiède.

Sur un tapis : coupez les fibres noircies avec des ciseaux. Nettoyez l'endroit abîmé avec un chiffon imprégné d'eau oxygénée et collez avec de la colle blanche de toutes petites fibres retirées d'un endroit non visible.

LES TACHES LES PLUS COURANTES

Si la brûlure est plus importante : avec un couteau, retirez la partie noircie, découpez un petit morceau de la même dimension dans un endroit non visible, dans un placard ou à l'arrière d'un meuble, et collez ce morceau sur la partie endommagée et grattée.

Cacao

Sur du tissu : saupoudrez la tache de borax et laissez tremper dans une eau froide. Lavez ensuite avec votre détersif habituel.

Café

Épongez le plus rapidement possible la tache fraîche avec un papier absorbant. Une grande partie étant éliminée, vous pouvez ensuite nettoyer avec de la glycérine, de l'eau vinaigrée ou citronnée, tendre le tissu et verser de l'eau bouillante sur la tache.

Sur un tissu : couvrez la tache encore fraîche de glycérine tiède, lavez et rincez à l'eau vinaigrée. On peut aussi neutraliser une tache de café en l'imbibant de jaune d'œuf dilué dans un peu d'eau tiède. Frottez délicatement et lavez ensuite avec un bon détergent.

Pour enlever une tache plus ancienne, étalez un mélange à parts égales de borax et d'eau. Laissez reposer une quinzaine de minutes avant de laver le tissu.

Sur la laine et les tissus fragiles : mélangez un jaune d'œuf à la même quantité de glycérine. Étalez cette solution sur la tache et laissez reposer une trentaine de minutes. Lavez ensuite à l'eau tiède.

Sur le bois : rincez la tache avec de l'eau tiède. Si elle persiste, frottez avec un linge imbibé d'eau oxygénée. Rincez ensuite à l'eau tiède.

Sur des tasses de porcelaine : les taches disparaissent si elles sont frottées avec une quantité égale de sel et de vinaigre.

Sur un tapis : le Club Soda enlève ce type de tache. Frottez la tache avec l'eau gazeuse. Rincez à l'eau claire et laissez sécher en tamponnant avec un tissu sec.

L'ABC DES TRUCS DE MADAME CHASSE-TACHES

Calcaire

On élimine les dépôts de calcaire dans les tuyaux en y versant de l'eau chaude fortement vinaigrée.

Le vinaigre blanc chaud élimine le calcaire accumulé dans les trous du pommeau de douche.

Cambouis

Sur du tissu : frottez les taches avec du beurre et laissez reposer quelques heures. Saupoudrez les taches de talc et raclez-les délicatement avec un couteau. Lavez ensuite à la machine avec un bon détergent. Ne pas faire sécher dans la sécheuse si les taches n'ont pas complètement disparu. Répétez l'opération ou essayez d'enlever les résidus avec de la térébenthine.

Sur la peau : on enlève les taches de cambouis avec de l'huile végétale ou pour bébé, ou en frottant avec du beurre. Évidemment, un bon rinçage à l'eau chaude s'impose.

Caramel

Sur du tissu : un trempage dans l'eau chaude s'impose pour dissoudre le caramel. Normalement, un lavage avec un bon détersif élimine ce type de tache. Si elle persiste, frottez-la avec un mélange d'eau et d'alcool méthylique.

Cerise

Ces taches disparaissent si on les frotte avec une demi-tomate rouge. Lavez ensuite avec votre détergent habituel.

Cernes

Les cernes sur les cols et les poignets de chemise sont dus à l'huile corporelle. Frottez le tissu avec un shampooing pour cheveux gras, laissez agir une dizaine de minutes, puis lavez le vêtement avec le reste de votre linge sale.

Vous pouvez aussi diluer 15 ml de vinaigre dans un bol d'eau chaude et frotter les taches avec cette solution à l'aide d'une brosse souple avant de déposer les vêtements dans la machine à laver. Une pâte composée de bicarbonate de soude et de vinaigre, étendue sur les taches quelques heures avant le lavage, est un autre bon truc.

Le savon de Marseille sec enlève aussi les cernes grisâtres.

Champagne

De l'eau pure, et ça y est ! Les taches disparaissent !

Chocolat

Sur du tissu : un savon à haut taux de glycérine, comme le savon de Marseille, est particulièrement efficace pour les taches sur le coton. On peut aussi frotter les taches avec de la glycérine et bien presser le tissu entre quelques essuie-tout afin qu'ils absorbent les taches.

Sur un tapis : appliquez une solution d'ammoniaque (15 ml dilués dans 125 ml d'eau) ou une solution de vinaigre blanc (80 ml dilués dans 175 ml d'eau) sur la tache. Rincez bien.

Cirage à chaussures

Frottez les taches avec du dissolvant de vernis à ongles non huileux.

Cire (CHANDELLE)

Sur un meuble : durcissez la tache avec un glaçon et enlevez-en le plus gros. Recouvrez ensuite la cire d'un papier absorbant ou d'un buvard et passez un fer chaud. La tache sera absorbée, et il ne restera plus qu'à polir le meuble.

Sur une nappe ou un tissu : rangez la nappe, sans l'avoir lavée, quelques heures au congélateur, puis grattez délicatement la cire collée avec un couteau fin ou une cuillère, en prenant soin de ne pas briser les fibres du tissu. Placez la nappe entre deux essuie-tout et repassez avec un fer chaud. Le papier absorbera la cire fondue.

Lavez-la dans la laveuse après avoir vaporisé les dernières traces avec un bon détachant.

Si les taches de colorant persistent, faites tremper la nappe, si elle est blanche, dans une eau additionnée de peroxyde ou de crème de tartre. Ce truc est particulièrement efficace pour les taches de cire rouge.

Un détachant à base de benzine déloge les taches de teinture de la cire.

Sur un tapis : enlevez le plus gros de la cire avec la pointe d'un couteau et placez quelques essuie-tout sur la tache. Repassez avec un fer à température douce. Au besoin, nettoyez les résidus avec de la térébenthine.

Colle blanche

Frottez les taches sur les vêtements mouillés avec du vinaigre blanc chaud. Rincez.

Le dissolvant de vernis à ongles enlève les résidus durcis. Faites un test au préalable sur un endroit non visible, afin de ne pas endommager le tissu.

Sur un tapis : enlevez le surplus de colle avec la lame d'un couteau et nettoyez les résidus avec du vinaigre.

Confiture

Rincez à l'eau chaude et lavez le vêtement avec un détersif qui déloge ce type de tache.

LES TACHES LES PLUS COURANTES

Crayon de cire

Sur un tissu : couvrez les traces d'essuie-tout et passez un fer chaud sur le papier, qui absorbera la cire. Lavez ensuite avec un bon détersif.

Sur le papier peint : chauffez la cire avec un séchoir à cheveux. Essuyez avec un essuie-tout et lavez ensuite avec un savon doux.

Sur les murs : vaporisez les taches de WD-40 et lavez avec un linge humide. On peut aussi couvrir les taches de papier journal. Passez un fer à repasser chaud sur les taches, qui seront absorbées par le papier. Lavez ensuite le mur avec un savon doux.

Crème glacée

On rince tous les tissus lavables à l'eau tiède et on lave ensuite avec le détersif habituel.

Sur un tissu non lavable, on éponge tout simplement la tache avec un chiffon imbibé d'eau froide. Si la tache persiste, frottez-la avec de l'alcool méthylique.

Épongez ensuite avec de l'eau chaude.

Curry

Cette couleur jaune difficile à faire disparaître doit être rincée le plus tôt possible à l'eau tiède. Enduisez la tache de glycérine et laissez reposer le tout une bonne heure avant de laver le vêtement avec un détersif.

Dentifrice

Pour enlever ce type de tache, rincez à l'eau tiède et laissez tremper le tissu taché dans une eau vinaigrée. Lavez ensuite dans une eau tiède savonneuse.

L'ABC DES TRUCS DE MADAME CHASSE-TACHES

Désodorisants

Les cernes blanchâtres laissés par les désodorisants disparaissent si on les frotte avec du vinaigre blanc. Lavez et rincez.

Eau (VOIR AUSSI PLUIE)

Les petits cernes que laisse l'eau sur la soie ou le suède disparaissent si on les frotte avec une autre partie du même tissu.

Sur un tapis : on absorbe la plus grande quantité d'eau avec un tissu éponge ou des essuie-tout. On peut assécher le tapis à l'aide d'un sèche-cheveux.

Eau de Javel

Si un vêtement vient d'être aspergé d'eau de Javel, empressez-vous d'imbiber le plus rapidement possible les taches d'eau oxygénée. Rincez à l'eau froide. Vous aurez de bonnes chances de limiter les dégâts.

Encre à tampons

Traitez la tache avec du jus de citron pur, saupoudrez-la ensuite de sel. Laissez reposer, lavez et rincez.

Encre de Chine

Frottez le tissu taché avec un chiffon imbibé d'alcool à 90 %.

Encre liquide

Sur du tissu blanc : lavez avec de l'eau additionnée d'eau de Javel. Un bain dans du lait chaud enlève aussi ce type de tache.

Sur du tissu coloré : imbibez la tache de jus de citron ou de vinaigre, puis rincez.

Sur la laine : utilisez du lait chaud pour enlever la tache et rincez à l'eau froide.

LES TACHES LES PLUS COURANTES

Différentes taches d'encre peuvent être enlevées avec du dissolvant de vernis à ongles, du vinaigre ou du jus de citron. Prenez soin de glisser un essuie-tout sous la tache, sinon celle-ci se transférera sur le tissu qui est dessous.

L'encre rouge partira si vous imbibez la tache de moutarde. Laissez reposer quelques heures avant de laver.

Sur un tapis : frottez la tache avec une demi-tomate et lavez à l'eau savonneuse. Ou encore, épongez la tache avec des essuie-tout et tamponnez les résidus avec du lait chaud ou du jus de citron. Par la suite, rincez et asséchez.

Épinard

Frottez la tache avec une tranche de pomme de terre crue. Lavez ensuite à l'eau chaude savonneuse.

Fiente d'oiseaux

Frottez la tache sur un vêtement avec un mélange d'eau et de bicarbonate de soude. Imbibez ensuite le tissu de détergent liquide et glissez le tout dans la machine à laver.

Fixatif à cheveux

Lorsque vous vaporisez vos cheveux, le fixatif finit par ternir les murs et les miroirs de la salle de bains. Comment enlever cette pellicule de laque récalcitrante ? Lavez tout simplement les murs et les surfaces peintes avec du shampooing et de l'eau chaude. Rincez à l'eau claire. Pour les miroirs, utilisez un chiffon imbibé d'alcool à friction.

Si vous portez des lentilles cornéennes, pensez à bien fermer vos yeux avant de vaporiser votre fixatif. Sinon, c'est sûr que votre vue pourrait se brouiller !

Sur un meuble : enlevez la tache de fixatif en préparant une pâte avec 15 ml de pâte dentifrice et 15 ml de bicarbonate de soude. Appliquez ce mélange en frottant délicatement jusqu'à ce que la surface soit bien propre. Polissez avec un chiffon propre.

Fond de teint (VOIR AUSSI MAQUILLAGE)

Une marque s'enlève avec un coton imbibé d'éther. Épongez ensuite avec une eau savonneuse.

Fruits et légumes

Sur les vêtements : les taches de petits fruits disparaissent si vous faites tremper durant une nuit le tissu dans du lait additionné de quelques gouttes de jus de citron.

Enlevez ensuite les résidus de la tache en tendant le tissu taché sur un bol et en le retenant avec une bande élastique pour former un tambour. Versez de l'eau bouillante directement de votre bouilloire et vous verrez ces taches disparaître.

Sur la peau : les taches s'enlèvent en les frottant avec du vinaigre.

Gomme à mâcher

Sur le tissu : placez le vêtement quelques minutes au congélateur ou passez un sac de plastique rempli de glaçons sur la gomme. La gomme refroidie, retirez-la avec un couteau, une cuillère ou une spatule en prenant bien soin de ne pas briser les fibres du tissu. Les dernières traces peuvent être enlevées avec un bon solvant. Le dissolvant de vernis à ongles ou l'acétone suffiront dans la plupart des cas.

Si le vêtement reste taché, frottez les traces avec un blanc d'œuf avant de le laver.

La térébenthine a aussi la propriété de dissoudre la gomme à mâcher sur les tissus.

Dans les cheveux : il suffit de frotter la mèche avec du jus de citron, de la vaseline ou du beurre d'arachide ; vous retirerez la gomme facilement.

Sur les chaussures : la gomme s'enlève si on la frotte avec un glaçon pour la durcir. Pour enlever les résidus, utilisez un blanc d'œuf ou de l'essence à briquet. Les mêmes trucs que pour le tissu sont efficaces et, comme vous pourrez racler la gomme plus énergiquement, les traces disparaîtront plus facilement.

Sur un tapis : ramollissez la gomme avec un blanc d'œuf et épongez ensuite avec un chiffon mouillé.

Goudron

Avant l'arrivée du couvreur, pensez à protéger vos meubles de jardin, vos boîtes à fleurs avec de grandes feuilles plastifiées. Une précaution qui vous évitera un nettoyage ardu après son départ.

Il est impossible de dissoudre une tache de goudron avec de l'eau. Il faut d'abord la couvrir de beurre, de lait chaud ou de térébenthine pour délayer le goudron. On peut ensuite laver à grande eau avec un bon détergent.

L'essence d'eucalyptus enlève aussi ce type de tache.

Sur le coton : le goudron peut disparaître avec du dissolvant de vernis à ongles ou de l'acétone.

Sur un maillot ou un tissu synthétique : frottez la tache doucement avec de l'huile de tournesol.

Sur la peau : les taches de goudron s'enlèvent avec du dentifrice, du beurre ou des feuilles de géranium.

Graisse

Sur des vêtements : videz une canette de cola dans la laveuse. Ajoutez le détersif habituel et faites fonctionner au cycle régulier.

Les taches de graisse doivent être lavées à l'eau froide, puis frottez-les avec du savon de pays. Roulez le vêtement et laissez agir une journée avant de le relaver à l'eau tiède.

Graisse de bicyclette

Frottez ces taches avec de la glycérine. Lavez ensuite le vêtement avec votre détersif habituel.

Gras (BEURRE, VINAIGRETTE, ETC.)

Sur le coton blanc : on enlève les taches avec de l'eau chaude savonneuse ou un produit de nettoyage à sec. On peut aussi saupoudrer les taches de talc et laisser le produit absorber le gras pendant quelques heures. Lavez ensuite avec un détergent.

À défaut de talc, vous pouvez saupoudrer les taches de gras fraîches avec de la fécule de maïs ou de la farine blanche.

Sur les tissus colorés : de l'eau additionnée d'ammoniaque ôte les taches de gras.

Sur la soie et les cravates : saupoudrez de talc et laissez absorber la tache. Ensuite, brossez le tissu taché délicatement ou passez un fer chaud dessus en prenant soin de le recouvrir d'un papier de soie. Placez un essuie-tout ou un linge propre sous le tissu avant de le repasser.

Sur le suède et le daim : appliquez du jus de citron ou de l'éther en frottant délicatement avec des mouvements circulaires. On peut aussi saupoudrer simplement la tache de talc avant de bien brosser.

Sur le nylon : nettoyez avec du jus de citron ou du peroxyde.

Sur les nappes : saupoudrez les taches de sel avant de les laver dans de l'eau chaude savonneuse.

Sur un tapis : couvrez la tache de bicarbonate de soude et laissez reposer plusieurs heures. Passez l'aspirateur.

Herbe

Sur le tissu : faites disparaître une tache de gazon en l'humectant et en la saupoudrant de sucre. Laissez reposer quelques heures avant de laver avec votre détergent à lessive habituel.

Vous pouvez aussi laisser tremper le vêtement une trentaine de minutes dans de l'eau chaude additionnée de détersif pour lave-vaisselle avant de le mettre dans votre lessive normale.

Le savon de pays fait disparaître plusieurs taches, dont les taches d'herbe. Il suffit de frotter vigoureusement le vêtement après avoir humecté la tache. Lavez comme d'habitude par la suite.

Huile d'olive

Une petite tache sur votre chemisier ou sur une cravate s'atténuera en pressant un morceau de pain dessus. En une minute, la mie de pain absorbera le liquide, et la tache deviendra beaucoup moins apparente.

Sur un vêtement soyeux : il suffit de saupoudrer la tache de talc et de laisser reposer une trentaine de minutes, puis de brosser doucement. Placez le tissu entre deux feuilles de papier de soie et repassez avec un fer chaud. Normalement, la tache sera complètement absorbée par le talc et le papier de soie.

Sur le coton : il est préférable de nettoyer la tache avec de l'alcool méthylique ou de la benzine.

Une tache ancienne peut disparaître si vous l'imbibez bien de glycérine. Laissez reposer une heure, puis lavez le vêtement dans de l'eau additionnée de détergent.

Jaunissement

Une nappe blanche ne reste jamais blanche très longtemps ! Pour lui redonner un petit air de jeunesse, faites-la tremper toute une nuit dans de l'eau chaude additionnée d'une petite bouteille d'eau oxygénée ou d'une petite boîte de crème de tartre. Ensuite, lavez-la à la machine avec votre détergent habituel.

Pour faire disparaître les pliures jaunies d'un tissu qui a été rangé plusieurs années, imbibez-les de lait. Faites ensuite sécher au soleil avant de laver avec votre détersif habituel.

L'ABC DES TRUCS DE MADAME CHASSE-TACHES

Envelopper les vêtements blancs dans un papier de soie bleu foncé avant de les ranger les empêchera de jaunir.

Votre lessive sera plus blanche si vous plongez un sac de toile contenant des coquilles d'œufs écrasées dans la machine à laver au moment du rinçage.

Un chemisier de soie blanche jaunit facilement. Ajoutez 30 ml de lait à la dernière eau de rinçage pour lui conserver sa blancheur immaculée.

Un dernier truc, mais qui fonctionne bien pour redonner la blancheur aux vêtements ternes : lavez-les avec un bon détergent, suspendez-les sur votre corde à linge un soir de gel, et au matin vous retrouverez des vêtements raidis... mais blanchis. Laissez-les bien sécher avant de les ranger.

Jus de fruits

Les taches fraîches de jus de fruits ou de petits fruits disparaissent facilement avec cette technique : tendez bien le tissu taché au-dessus d'un bol (utilisez une bande élastique pour bien maintenir en place le tissu tendu comme un tambour) et videz lentement l'eau très chaude de votre bouilloire sur la tache, qui disparaîtra instantanément.

Pour des taches plus anciennes, lavez le vêtement à l'eau tiède. Au besoin, saupoudrez la tache de sel, rincez et placez le vêtement au soleil quelques heures.

Sur un tapis : utilisez le même procédé que pour les taches de ketchup.

Ketchup

Les taches de ketchup s'enlèvent à l'eau froide. Il ne faut jamais utiliser d'eau chaude. Si les taches persistent, laissez tremper le tissu dans de l'eau froide additionnée de sel.

Le peroxyde peut aussi faire disparaître une tache de ketchup ou de sauce chili sur un vêtement blanc.

LES TACHES LES PLUS COURANTES

Sur un tapis : épongez les dégâts avec un essuie-tout. Saupoudrez ensuite la tache de bicarbonate de soude, puis raclez et passez l'aspirateur. Avec une éponge humide, rincez le résidu de bicarbonate sans trop mouiller le tapis. Enfin, épongez sans frotter.

Lait

Au contact d'eau tiède et de détergent, les taches récentes disparaissent. Les plus anciennes peuvent être frottées avec de l'essence de térébenthine.

Le lait régurgité par les nouveau-nés souille les vêtements et dégage une odeur aigre. Imprégnez les taches de jus de citron et laissez-les sécher au soleil, puis lavez le vêtement avec votre détergent habituel.

Liquide correcteur

Les taches sur les vêtements sont difficiles à enlever. Vous pouvez faire un test avec de l'acétone sur une partie du vêtement non visible, sinon confiez la tache à votre nettoyeur.

Sur les mains : enlevez les taches blanches avec du dissolvant de vernis à ongles ou de l'acétone.

Maquillage

Si vous remarquez une tache toute fraîche sur un vêtement, passez-y une bande de ruban adhésif que vous retirerez rapidement. Tamponnez ensuite la tache avec un coton imbibé d'alcool.

Un pain de savon est idéal pour enlever ce type de tache. Mouillez la tache, frottez-la avec un pain de savon à haut taux de glycérine, puis lavez le vêtement à la machine comme d'habitude.

Mercurochrome

Ces taches disparaissent au lavage avec un bon détergent qu'on peut additionner d'eau de Javel.

Sur la peau : frottez les taches avec du vinaigre, puis rincez à l'eau froide.

Moisi

Sur le tissu : enlevez ces taches sur le tissu en les frottant avec une eau ammoniaquée. Autre truc efficace : coupez une tomate en deux et frottez les taches de moisi avec la pulpe. Aspergez de sel et faites sécher au soleil. Lavez ensuite.

Sur le cuir : frottez les taches avec un chiffon imprégné de térébenthine. Lustrez ensuite avec de la glycérine que vous faites bien pénétrer dans le cuir.

Sur un tapis : saupoudrez les taches avec du bicarbonate de soude ou de la litière pour les chats. Laissez le produit agir pendant deux heures avant de passer l'aspirateur.

Moutarde

Avec une cuillère ou un couteau, enlevez le surplus de moutarde puis frottez la tache avec de la glycérine. Lavez ensuite le vêtement avec de l'eau chaude savonneuse.

Sur un tissu blanc : l'eau javellisée fera disparaître les taches qui résistent au lavage.

Sur les tissus colorés : le sel d'oseille dilué dans un peu d'eau et appliqué sur la tache se montre efficace. Rincez bien à l'eau froide.

Sur un tapis : utilisez le même procédé que pour les taches de ketchup.

Nicotine

Sur la peau : frottez les taches avec du jus de citron, un dentifrice contenant du bicarbonate de soude ou un mélange composé à parts égales de jus de citron et d'eau oxygénée à 20 volumes.

LES TACHES LES PLUS COURANTES

Pour éliminer les taches brunâtres plus résistantes : frottez-les avec un coton-tige imbibé de dissolvant de vernis à ongles ou d'un mélange composé de quantités égales d'eau et de javellisant. Au besoin, les gros fumeurs peuvent utiliser une pierre ponce et quelques gouttes de jus de citron pour enlever les taches incrustées dans la peau.

Sur les tissus : frottez avec de l'alcool à friction. Le savon de Marseille est efficace sur la laine et la soie. Il suffit de passer le savon sec sur la tache et de le laisser agir quelques heures avant de laver le vêtement.

Pour nettoyer les cendriers et enlever les taches de brûlures, passez un chiffon humide ou un bouchon de liège couvert de sel fin.

Œuf

Lavez le tissu taché avec un bon détergent. La tache devrait disparaître.

Orange

Tamponnez la tache avec de la glycérine pure. Laissez agir et rincez.

Origine inconnue

Si vous ne connaissez pas l'origine d'une tache, voici quelques trucs.

1. S.O.S. eau froide : tamponnez la tache avec de l'eau froide avant d'utiliser quelque produit que ce soit.
2. Sur un tissu blanc : vous pouvez utiliser de l'eau de Javel ou de l'eau oxygénée (peroxyde) pour frotter la tache.
3. Sur un tissu coloré : frottez la tache avec un produit détachant, de la térébenthine ou du savon liquide à vaisselle.
4. Après un bon lavage : les taches seront probablement atténuées ou auront complètement disparu.

5. Dans tous les cas, si vous devez brosser une tache, utilisez une vieille brosse à dents. Laissez agir le produit une dizaine de minutes avant de mettre le vêtement à la lessive avec un bon détergent.

Papier carbone

Les taches de papier carbone laissées sur les vêtements ou sur les doigts s'enlèvent avec de l'acétone ou de l'alcool méthylique.

Parfum

Sur un tissu: un lavage à l'eau chaude savonneuse devrait suffire. Si la tache persiste, imbibez-la de glycérine. Lavez et rincez.

Une tache de parfum sur la soie se nettoie avec de l'eau oxygénée. Lavez ensuite avec un savon doux.

Sur le bois verni: frottez rapidement la tache avec un chiffon imbibé d'acétone. Polissez ensuite avec de l'huile de citron ou de l'huile de lin.

Pâte à modeler

Lavez le vêtement à l'eau savonneuse tiède.

Pêche

Ce type de tache rebelle disparaît si vous la frottez avec de la glycérine pure. Laissez agir le produit avant de rincer.

Peinture

Pour enlever une tache de peinture au latex fraîche sur un vêtement ou un tapis, il suffit de l'absorber avec un papier essuie-tout. On lave ensuite avec de l'eau jusqu'à ce que la tache disparaisse.

Pour enlever une tache de peinture à l'huile fraîche, on aura recours à un solvant à peinture. Si une tache persiste, imbibez-la d'eau oxygénée, attendez une heure avant de brosser la tache.

Les taches de peinture séchée et durcie sur les vêtements se nettoient avec une solution d'ammoniaque ou de térébenthine. Imbibez le tissu à plusieurs reprises avant de le laver avec le détergent habituel.

Plâtre

Ne grattez pas une tache de plâtre sur un vêtement. Nettoyez-la avec un chiffon imbibé de vinaigre tiède.

Sur le plancher : mouillez bien les taches avec du vinaigre chaud afin de les ramollir. Grattez-les ensuite avec une spatule en bois.

Pluie

Sur le daim et le suède : saupoudrez les taches de talc. Laissez la poudre sur le tissu pendant quelques heures, le temps qu'elle absorbe bien les taches humides. Brossez énergiquement. Répétez l'opération si les taches n'ont pas complètement disparu.

Résine de sapin

Pour enlever ce type de tache sur un tissu blanc, frottez-la avec de l'alcool à 90 %, puis lavez le tissu à l'eau chaude savonneuse.

Sur un tissu coloré : saupoudrez de talc l'envers de la tache. Frottez l'endroit avec un mélange fait de trois parties d'alcool et d'une partie de térébenthine.

Sur la peau : la résine s'enlève facilement si on la frotte avec de l'huile végétale.

Rouge à lèvres

Le vinaigre, l'éther, le peroxyde, l'alcool à brûler ou l'huile d'eucalyptus enlèvent bien ce type de tache. Tamponnez la tache et

nettoyez avec un peu de détergent à vaisselle liquide. Laver ensuite le vêtement.

Le fixatif à cheveux élimine aussi les taches de rouge à lèvres sur les vêtements. Il suffit de vaporiser la tache, de glisser quelques essuie-tout dessous et de frotter avec un chiffon.

On peut aussi frotter la tache avec de la vaseline ou de la glycérine. Lavez ensuite avec du détergent à vaisselle liquide. Rincez bien. Sur un vêtement blanc, le jus de citron est efficace.

Rouille

Pour empêcher les outils du jardin de rouiller, placez quelques briquettes de charbon de bois ou quelques bâtons de craie dans le coffre où vous les rangez ou encore sur les tablettes du cabanon. Enlevez la rouille sur les outils en les frottant avec une laine d'acier trempée dans la térébenthine.

La corrosion sur les boulons et les taches de rouille sur le chrome s'enlèvent avec un peu de cola. Versez, laissez pétiller quelques heures avant d'essuyer.

Les vieilles clés rouillées se nettoient avec de l'essence à briquet. Au besoin, faites-les tremper quelques heures.

On enlève la rouille dans les moules à pâtisserie en les frottant avec du savon à vaisselle et une demi-pomme de terre. Sur les ustensiles de cuisine, on frotte avec un bouchon de liège trempé dans de l'huile d'olive, avec un oignon saupoudré de sucre glace ou avec du vin chaud.

Sur un tissu : saupoudrez les taches de rouille de sel et imbibez-les de jus de citron. Laissez reposer une nuit avant de laver. Si les taches persistent, frottez-les avec une solution à parts égales d'eau et de glycérine. Après un bon lavage, plus rien ne devrait y paraître.

Sur la soie ou le coton : il suffit de plonger l'endroit taché dans un récipient d'eau bouillante additionnée de 5 ml de crème de tartre. Frottez légèrement les taches. Le jus de citron peut aussi être efficace.

LES TACHES LES PLUS COURANTES

Roussi

On enlève une tache de roussi sur la laine en la frottant avec un papier émeri fin.

Sur le coton : mouillez la tache et exposez-la au moins une journée au soleil. Vous pouvez aussi imbiber la tache d'eau oxygénée. Attention de ne pas passer un fer chaud sur le tissu imbibé d'eau oxygénée. Vous verriez apparaître des taches de rouille.

Sang

Les taches de sang fraîches sur le tissu devraient disparaître une fois savonnées et rincées à l'eau froide. Au besoin, faites tremper le tissu dans de l'eau froide additionnée de sel.

Si ces taches persistent, frottez le tissu avec un coton-tige imbibé d'eau oxygénée ou faites dissoudre un comprimé d'aspirine dans un verre d'eau froide et tamponnez la tache avec cette solution. Dans les deux cas, rincez ensuite à l'eau froide.

Si le sang a séché, l'eau oxygénée enlèvera ce type de tache. Il suffit de laisser tremper le tissu et au besoin d'ajouter quelques gouttes d'ammoniaque au peroxyde.

Sur un matelas : on enlève les taches en les frottant avec de l'eau froide. Préparez une pâte avec de l'amidon et un peu d'eau. Étalez sur les taches et laissez sécher. Retirez la croûte d'amidon. L'eau oxygénée est aussi efficace sur le matelas. Rincez ensuite à l'eau claire.

Sur un tapis : une eau très froide additionnée de vinaigre ou de peroxyde enlève ce type de tache. Rincez à l'eau froide.

Sauce tomate

Les taches sur un vêtement devraient disparaître si elles sont lavées avec un bon détergent. Si une teinte rosée persiste, imbibez-la de jus de citron et exposez le vêtement au soleil pendant quelques jours.

L'ABC DES TRUCS DE MADAME CHASSE-TACHES

Sur un tapis : versez un verre de lait lentement sur la tache. Nettoyez le tout avec des essuie-tout.

Stylo à bille

Sur un tissu : une tache de stylo à bille sur du coton disparaîtra si on l'imbibe de jus de citron ou de fixatif à cheveux. N'oubliez pas de glisser quelques essuie-tout sous le tissu pour ne pas imprimer la tache sur une autre surface. Frottez légèrement la tache avant de glisser le vêtement dans la lessive régulière.

Sur un tapis : vaporisez la tache de fixatif à cheveux. Laissez sécher avant de laver avec une eau chaude savonneuse ou vinaigrée.

Sur une surface métallique (comme le tambour de la sécheuse) : le dissolvant de vernis à ongles enlève les taches de stylo à bille.

Stylo-feutre

Sur les surfaces dures : utilisez une gomme à effacer.

Sur les meubles et la mélamine : utilisez du dentifrice.

Sur la porte du frigo : l'essence à briquet est efficace.

Sur les vêtements : eh oui ! vous avez laissé un feutre dans la poche de votre chemise et la pointe non recouverte a imbibé toute la poche d'encre… Imprégnez les taches d'alcool méthylique ou de vinaigre blanc. Placez, dessous, quelques essuie-tout qui absorberont bien l'encre. Frottez les taches et lavez ensuite la chemise avec les autres vêtements.

Suie

Sur les vêtements : un lavage avec un bon détersif enlève ce type de tache.

Sur un tapis : vous ferez disparaître une tache en la saupoudrant de sel. Laissez reposer trente minutes avant de frotter énergiquement, puis passez l'aspirateur.

LES TACHES LES PLUS COURANTES

Teinture à cheveux

Dans le cas d'un tissu éponge, il suffit de passer le tissu taché sous l'eau courante le plus tôt possible. Les taches disparaîtront au lavage.

L'eau javellisée enlève aussi ce type de tache.

Sur la peau : on peut enlever une tache en la frottant avec un reste de teinture ou de la cendre de cigarette. Les taches disparaîtront sans causer d'irritation. Si l'on étale de la vaseline sur le contour du visage avant d'appliquer la teinture à cheveux, on évite de se retrouver avec la peau colorée et irritée.

Thé

Sur le coton blanc : dès la gaffe commise, recouvrez de sucre une tache de thé sur une nappe. Le détachage sera beaucoup plus facile lors du lavage.

Un peu d'eau froide et de jus de citron, suivi d'un bon rinçage à l'eau froide, enlève aussi ce type de tache.

Sur un tapis : versez beaucoup d'eau froide ou du Club Soda. Si la tache persiste, imbibez-la de glycérine, puis épongez-la avec de l'alcool méthylique.

Sur des tasses de porcelaine : frottez-les avec une pâte faite de bicarbonate de soude et d'eau chaude ou utilisez les comprimés servant à nettoyer les prothèses dentaires.

Sur un vêtement de soie ou de laine : trempez le vêtement dans de l'eau froide à laquelle vous avez ajouté 10 ml de peroxyde.

Transpiration

Pour faire disparaître les cernes jaunâtres sur les t-shirts et les sous-vêtements de coton blancs, il suffit d'ajouter à 750 ml d'eau bouillante 250 ml de détergent Cascade pour lave-vaisselle. Bien mélanger, pour dissoudre le savon complètement et obtenir un liquide laiteux.

L'ABC DES TRUCS DE MADAME CHASSE-TACHES

Déposez les vêtements tachés dans un récipient ou dans l'évier, recouvrez-les d'eau chaude. Ajoutez le mélange laiteux. Agitez les vêtements que vous laisserez tremper une nuit entière. Au matin, vous n'aurez plus qu'à déposer les vêtements essorés dans la machine à laver avec votre détergent habituel.

Le jus de citron ou un mélange de vinaigre chaud et d'eau nettoient aussi les taches de transpiration. Par contre, sur la soie, l'eau oxygénée diluée dans l'eau enlèvera ce type de tache.

Laissez tremper le vêtement dans une eau froide fortement salée si l'odeur persiste après le nettoyage.

Sur les lainages : les chandails de laine absorbent rapidement l'odeur de transpiration. Faites-les tremper plusieurs heures dans de l'eau additionnée de vinaigre blanc.

Urine d'animal

Sur les vêtements : les taches d'urine et d'excréments disparaissent en lavant le vêtement dans une eau additionnée d'ammoniaque.

Sur un tapis : nettoyez le tapis avec une solution constituée à parts égales de vinaigre et d'eau. Le Club Soda ou l'eau Perrier enlèvent aussi ce type de tache.

Saupoudrez le tapis de bicarbonate de soude afin d'enrayer les odeurs. Brossez ensuite le tapis.

Vernis à ongles

On enlève ces taches avec de l'acétone pure. Faites un test au préalable sur une partie du tissu non visible.

Vin rouge

Sur un tissu : frottez immédiatement la tache avec un peu de vin blanc. Bye bye, gâchis !

LES TACHES LES PLUS COURANTES

Si la tache date de plusieurs jours, imbibez-la plutôt de Club Soda avant de laver le vêtement.

Sur la soie ou un lainage : humectez la tache d'eau froide, puis recouvrez de glycérine. Laissez agir une heure avant de tamponner la tache avec un chiffon imbibé de jus de citron. Rincez. L'eau oxygénée enlève aussi ce type de tache sur un tissu fin.

L'alcool méthylique fera disparaître les taches plus anciennes.

Sur un tapis : le Club Soda ou une solution de vinaigre blanc enlève les taches de vin sur les tapis. Couvrez ensuite la tache de talc et laissez sécher avant de brosser.

Vomi

Soyez pratique : les enfants ont souvent des malaises dans la voiture ; si le problème revient souvent, recouvrez le siège automobile d'un rideau de douche imperméable et lavable à la machine.

Pour nettoyer un siège en tissu, utilisez une bouteille d'eau Perrier et imbibez le siège taché par les vomissures. En quelques minutes, avec une brosse et un bon linge, vous viendrez à bout de toutes les souillures.

Sur un tapis : nettoyez le tapis à l'eau froide et appliquez une solution d'eau et de vinaigre blanc. L'alcool méthylique fait aussi disparaître ce type de tache.

Pour rafraîchir la pièce et éliminer l'odeur, saupoudrez sur les meubles et le tapis un éliminateur d'odeurs à base de bicarbonate de soude. Attendez quinze minutes avant de passer l'aspirateur.

3

Pour s'y retrouver dans les différents produits

Acétone

Ce produit chimique se trouve à l'état naturel dans l'environnement et est également produit synthétiquement. Une trop longue exposition à l'acétone peut engendrer des inconforts respiratoires, des irritations de la peau, des yeux, du nez et de la gorge. On se procure de l'acétone pure à la pharmacie ou on en trouve dans plusieurs dissolvants de vernis à ongles.

L'acétone enlève les taches de peinture sèche, de colle, de vernis à ongles, et dissout la cire des meubles.

Il est toujours recommandé de faire un test sur un endroit non visible du tissu que vous désirez détacher avant de vous lancer dans de grandes expériences avec l'acétone.

ATTENTION : Il est très important d'appliquer ce produit dans un endroit bien ventilé et de porter des gants résistants aux produits chimiques pendant l'application. Des gants de caoutchouc dont l'épaisseur est inférieure à 0,50 mm pourraient ne pas être étanches à l'acétone. Portez des lunettes de protection pour les yeux s'il y a risque d'éclaboussures.

Acide muriatique

C'est l'un des acides les plus dangereux vendus sur le marché. Une mauvaise utilisation de cet acide peut endommager presque tout ce qu'il touche, incluant les vêtements et la peau. À la maison, on l'utilise principalement pour équilibrer le pH de l'eau dans la piscine. Sa puissance réactive en fait aussi le produit chimique numéro un pour le nettoyage de la maçonnerie.

Acide oxalique

On le connaît sous le nom de sel de citron ou sel d'oseille. Ses cristaux se mélangent à l'eau chaude et font disparaître différents types de taches, spécialement les taches de rouille ou d'encre. Cet acide est un poison.

Alcool à brûler

Légèrement dilué, cet alcool nettoie le verre, les miroirs, le téléphone, les pinceaux, etc. Extrêmement inflammable, il ne doit pas être utilisé près d'une source de chaleur. Utilisez-le toujours dans une pièce bien aérée.

Alcool à friction

Contrairement à ce que prétend la croyance populaire, l'alcool à friction n'est pas un stérilisant. Il peut être utilisé pour nettoyer les blessures mineures comme les coupures ou les égratignures, mais il est à éviter en ce qui concerne le perçage

POUR S'Y RETROUVER DANS LES DIFFÉRENTS PRODUITS

corporel. On le trouve en pharmacie, et cet alcool est utile pour le nettoyage.

Alcool dénaturé

On trouve ce solvant en quincaillerie.

Alcool méthylique

Ce liquide bleu dont on se sert comme combustible à fondue est connu aussi sous le nom de méthanol ou d'alcool de bois. Il enlève plusieurs types de taches, dont celles d'encre, de jus de fruits, de café, de thé, d'herbes. Ce produit est extrêmement toxique et il doit être rangé hors de portée des enfants.

Alun

Ce sulfate double d'aluminium et de potassium est utilisé dans la fabrication de certains produits, généralement avec la teinture pour y donner plus de mordant.

On connaît aussi les pains d'alun qui sont utilisés pour assécher la peau et limiter la transpiration.

On peut se procurer l'alun en pharmacie.

Amidon

Il peut être employé ailleurs que dans la cuisine. Un vêtement empesé à l'amidon est moins susceptible de se froisser.

Ammoniaque

L'alcalinité de l'ammoniaque neutralise les taches acides et de moisissure. Ce produit dissout les graisses et enlève les traces de doigts. On l'utilise généralement fortement dilué.

La solution chimique de 10 % est la meilleure pour enlever les taches. On conserve le récipient d'ammoniaque à l'abri de la lumière, hors de

portée des enfants, puisque ce produit est un poison. On doit éviter tout contact avec la peau (en cas d'urgence, lavez abondamment la peau à l'eau vinaigrée ou au jus de citron), et les vapeurs intenses peuvent même être mortelles.

En général, on ne mélange pas l'ammoniaque à d'autres produits de nettoyage.

Bicarbonate de soude

Ce produit offre une multitude d'usages domestiques tant pour le nettoyage que comme désodorisant.

Sec : saupoudré, il a des propriétés désodorisantes et il nettoie les taches incrustées.

En pâte : en ajoutant trois parts de bicarbonate de soude à une part d'eau, on peut s'attaquer aux gros travaux de nettoyage (accessoires de camping, tapis, etc.).

En solution : en dissolvant 45 ml de bicarbonate de soude dans 1 litre d'eau, on peut faire reluire les comptoirs, les éviers, la vaisselle, les boîtes à lunch, les planches à découper, le four à micro-ondes, le lave-vaisselle, etc.

Le bicarbonate de soude soulage les démangeaisons d'une peau irritée et un bain additionné de bicarbonate soulage les pieds fatigués.

Blanc de Meudon ou blanc d'Espagne

Voici l'appellation courante de la craie. Ce produit absorbant élimine les taches de gras sur les vêtements, le papier peint et le papier. Il détache les métaux, les vitres, l'argenterie.

Borax

Ce sel minéral naturel est composé de sodium, de bore et d'oxygène. On augmente les propriétés nettoyantes d'un détersif en ajoutant

125 ml de borax dans la machine à laver. Ce produit enraie aussi les odeurs imprégnées dans les vêtements.

Le borax est vendu dans les magasins à grande surface et les pharmacies.

Camphre

Produit de la famille des menthols. Son odeur caractéristique élimine les mites et éloigne les petits visiteurs indésirables dans le jardin. Le camphre prévient aussi le ternissement de l'argenterie.

Club Soda

On le trouve au rayon des boissons gazéifiées du supermarché. C'est l'acide citrique contenu dans ce produit qui agit comme détachant. À l'achat, il faut simplement s'assurer que le produit ne contient aucun sucre, car certains sodas sont aromatisés.

Dentifrice

C'est la pâte dentifrice que vous utilisez tous les jours. Excellent pour enlever différents types de marques sur les murs et planchers. À ne pas confondre avec les dentifrices en gel, qui ne donnent pas le même résultat pour nettoyer.

Eau de Javel

Cette solution, pure ou diluée, désinfecte, blanchit le linge, nettoie les appareils sanitaires, élimine les moisissures, les mousses et les algues des murs et des toitures. Il est inutile d'augmenter la quantité d'eau de Javel pour faire disparaître les taches tenaces ; pensez plutôt à allonger le temps de trempage.

Sa combinaison avec certains produits émet des gaz très toxiques. Il ne faut donc pas mélanger l'eau de Javel avec de l'ammoniaque, du vinaigre ou un produit conçu pour débloquer les tuyaux.

Pour ce qui est des tissus, il ne faut pas utiliser d'eau de Javel sur la laine, le nylon, la rayonne et la soie.

L'eau de Javel rend le caoutchouc collant et noircit l'argenterie, l'inox et l'aluminium.

Eau de linge

Inspirée des lavandières provençales, l'eau de linge a la cote depuis quelques années.

Elle parfume délicatement les vêtements, la literie, où vous n'hésiterez pas à vous plonger le soir venu. Après l'avoir versée dans un vaporisateur, on la pulvérise sur le linge et les vêtements avant de les repasser. On peut aussi en ajouter une petite quantité (125 ml) à la dernière eau de rinçage.

Eau déminéralisée

Cette eau évite la formation de calcaire dans vos appareils. À utiliser avec les fers à repasser, dans les lave-glaces, pour le rinçage des tissus fragiles.

Eau oxygénée

Tout simplement le peroxyde que vous utilisez pour les blessures et qui a des propriétés pour blanchir le tissu, spécialement les nappes blanches. L'eau oxygénée enlève les taches de roussi causées par le fer à repasser et fait resplendir les objets en ivoire.

Il est préférable d'utiliser un peroxyde à 3 %, qui ne risque pas de décolorer et d'endommager le tissu.

Essence à briquet

Ce solvant enlève les taches de colle transparente sur les vêtements, et les étiquettes collantes apposées sur le verre ou la porcelaine.

POUR S'Y RETROUVER DANS LES DIFFÉRENTS PRODUITS

Fécule de maïs

Employée en cuisine, la fécule de maïs est une poudre amidonnée qui élimine les taches en les absorbant. On nettoie les fourrures, lainages, peluches, tapis et meubles en les saupoudrant de fécule de maïs et en les brossant.

Glycérine

Généralement étendue sur les peaux sèches et contre les gerçures, la glycérine dépanne pour l'entretien domestique et pour enlever des taches de gras. Spécialement efficace sur les tissus fragiles et la soie. On la trouve en bouteille dans toutes les pharmacies.

Le mélange de glycérine et d'eau oxygénée ne fait pas bon ménage et pourrait même produire une explosion.

Huile de citron

L'huile de citron agit comme agent de blanchiment doux sur le corps ou les tissus. Puisque le citron est également hémostatique, son huile est utile pour les dommages mineurs, les extractions de dents, les saignements du nez ou pour faire baisser la température corporelle lorsqu'elle est appliquée en compresse.

Huile de lin

Elle est extraite de l'intérieur de la graine de lin. Elle a longtemps été utilisée comme huile de séchage dans les peintures et les vernis. Elle entre dans la fabrication du linoléum, de la toile cirée et de certaines encres. La prudence est exigée, car un chiffon imbibé d'huile de lin roulé en boule peut prendre feu spontanément.

Huile minérale

Ingrédient commun des produits domestiques. On la trouve dans les lotions, les savons, les produits cosmétiques, ainsi que dans l'huile à moteur. L'huile, qui est claire et inodore, est produite à partir de dérivés de la gazoline.

Jus de citron

L'acide citrique contenu dans le citron est tout indiqué pour enlever les taches sur les vêtements, spécialement celles de gras et de transpiration. Il nettoie aussi le verre, l'aluminium et la porcelaine. Il ravive l'éclat du rotin blanc et redonne de la blancheur aux tissus jaunis. Il possède aussi un pouvoir désodorisant.

Papier de soie bleu

Sa couleur opaque permet de conserver la blancheur des nappes, de la soie et de la dentelle.

Papier émeri

C'est un papier robuste, recouvert de poudre d'émeri, utilisé pour poncer. On l'appelle incorrectement « papier sablé ». La poudre d'émeri, un minéral de couleur gris foncé, est utilisée comme abrasif.

Peroxyde (voir eau oxygénée)

Savon de Marseille

Reconnu pour enlever plusieurs types de taches. On frotte le tissu taché avec un pain de savon à sec, on laisse agir quelques heures, puis on rince.

Le savon de Marseille enlève facilement :

- les taches de gras ou d'huile ;
- les taches de boisson alcoolisée ;
- les taches d'herbe ;
- les marques de fond de teint et de maquillage.

POUR S'Y RETROUVER DANS LES DIFFÉRENTS PRODUITS

Savon de pays

Tout comme le savon de Marseille, il est reconnu pour son haut taux en glycérine. On frotte les taches avec un pain de savon à sec, on laisse agir, et les taches disparaissent.

Savon d'huile végétale pure

Ce produit nettoie les surfaces en bois, planchers, murs en bois, boiseries, même les tables, chaises et étagères. La marque la plus connue depuis plus de quatre-vingt-dix ans est le savon Murphy.

Sel

Le sel fin ou le gros sel liés au vinaigre ou au jus de citron peuvent vous aider de plusieurs façons dans vos travaux de nettoyage. Excellent pour nettoyer l'osier et le cuivre.

Solvant

Les solvants permettent de dissoudre un autre produit. Par exemple, l'acétone dissout le vernis à ongles, alors que la térébenthine dissout la peinture. Les solvants sont présents dans plusieurs produits, dont les peintures, les colles, les vernis, les cirages. On doit les utiliser avec précaution, car ils sont sources d'irritation tant pour la peau, les yeux que les voies respiratoires.

Talc

Cette poudre est un abrasif doux qui permet d'absorber l'humidité, les auréoles et les taches, spécialement de gras.

Tampon en acier inoxydable

Tampon argenté (et non les petites laines d'acier enduites de savon) qu'on peut acheter dans les magasins à rabais ou dans les grandes surfaces.

Térébenthine

L'essence de térébenthine provient du pin ou du sapin. Ce liquide à odeur forte est très inflammable et toxique ; il doit donc être employé dans une pièce aérée. La térébenthine peut aussi irriter la peau. On l'emploie pour diluer ou comme solvant des peintures, cires et graisses.

Vanille

Cette essence appréciée en cuisine élimine aussi les mauvaises odeurs. Un simple tampon d'ouate imbibé d'essence de vanille rendra l'air plus respirable.

Vaseline

La gelée de pétrole blanche sert de lubrifiant. Elle prévient aussi les infections lorsqu'elle est étendue sur les coupures ou les brûlures mineures. Appliquée sur les métaux, la vaseline les préserve de la rouille.

Vinaigre

Cette solution diluée d'acide acétique nettoie les tapis, les vêtements, enlève les taches de calcaire et de graisse, désinfecte, est excellente pour la vaisselle, la verrerie, les comptoirs de cuisine, les foyers, la brique, les vitres et les miroirs. Le vinaigre accroît aussi l'efficacité du savon que vous utilisez.

White-spirit

Excellent solvant pour les peintures, il sert aussi à nettoyer les outils à peindre (rouleaux, pinceaux, pistolets) et à dégraisser les métaux.

ANNEXE
TABLEAU DES ÉQUIVALENCES

Comme le système métrique est la norme au Canada depuis plus de trente ans, mais aussi pour alléger la présentation de ce livre, nous n'avons pas inscrit les conversions dans le système impérial tout au long des pages. Voici un tableau des équivalences pour la plupart des mesures données dans cet ouvrage.

TABLEAU DES ÉQUIVALENCES

SYSTÈME MÉTRIQUE		SYSTÈME IMPÉRIAL

5 ml		1 c. à thé
10 ml		2 c. à thé
15 ml		1 c. à soupe
30 ml		2 c. à soupe
45 ml		3 c. à soupe
60 ml		1/4 tasse
80 ml		1/3 tasse
90 ml		6 c. à soupe
125 ml		1/2 tasse
160 ml		2/3 tasse
175 ml		3/4 tasse
250 ml		1 tasse
325 ml		1 1/3 tasse
500 ml		2 tasses
750 ml		3 tasses
1 litre		4 tasses
2 litres		8 tasses
4 litres		16 tasses
5 litres		1 gallon
10 litres		2 gallons
454 g (ou 500 g)		1 lb
1 kg		2,2 lb
1,8 kg		4 lb
2 kg		4,4 lb
2,3 kg		5 lb

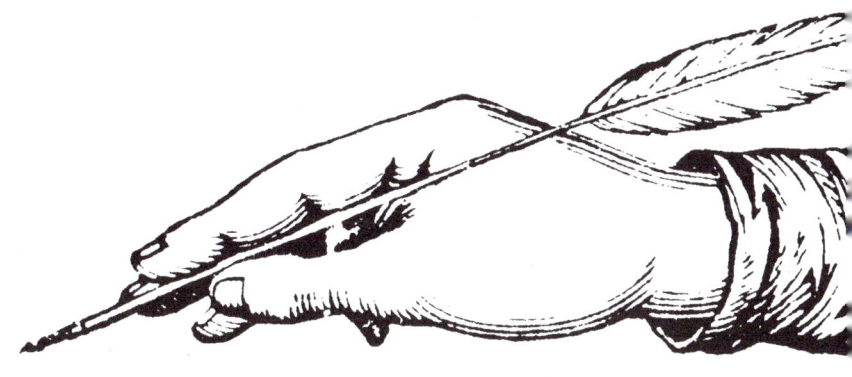

INDEX

A

ABAT-JOUR, 15, 19
ABEILLE, 16
ABRASIF, 17, 50, 69, 76, 183, 246, 247
ACARIEN, 16
ACCROC, 17, 66, 127
ACÉTONE, 90, 157, 222, 223, 227, 230, 236, **239**, 240, 247
ACIDE, 212
  acétique, 248
  citrique, 160, 243, 246
  muriatique, 32, 57, 104, **240**
  oxalique, 197, **240**
ACIER INOXYDABLE, 15, **17**, 49, 74, 87, 127, 139, 247
ACRYLIQUE, 78, 156
ADOUCISSANT, 43
ADOUCISSEUR D'EAU, 82
AÉROSOL, 25, 37, 39, 46, 63, 68, 101, 138, 140, 145, 194, 204
AIGUILLES, 146
  à coudre, 17
  à tricoter, 18
  de cactus, 44
  de sapin, 18
AIL, 95, 108, 132
ALBUM PHOTOS, 18, 151
ALCOOL, 157, 227
  à brûler, 195, 213, 231, **240**
  à friction, 19, 23, 25, 28, 52, 69, 90 115, 122, 130, 148, 152, 154, 157, 163, 171, 193, 220, 221, 229, 231, **240**, 241
  de bois, 17, 138, 209, 241
  dénaturé, 129, **241**
  méthylique, 86, 120, 214, 216, 219, 225, 230, 234, 235, 237, **241**
  minéral, 56, 156
  (verre d'), 212
ALGUES, 157, 243
ALIMENTS BRÛLÉS, 17
ALLUMETTE, 138, 158, 207, 208
ALUMINIUM, 21, 27, 49, 51,

253

L'ABC DES TRUCS DE MADAME CHASSE-TACHES

58, 85, 87, 89, 104, 119, 136, 149, 150, 153, 157, 158, 172, 186, 209, 241, 244, 246
ALUN, 61, 203, **241**
AMIDON, 75, 118, 140, 233, **241**
AMMONIAQUE, 29, 46, 56, 68 à 70, 91, 112, 124, 128, 171, 212, 217, 224, 228, 231, 233, 236, **241** à 243
AMPOULE,
   brûlée, 180
   électrique, **19**
   halogène, **18**
   médicale, **19**
ANGORA, 19
ANIMAUX, 64, 108, 132, 133, 197, 236
ANTIGEL, 177, 209
ANTIQUITÉS, 57, 58
APPAREILS,
   électriques, 32, 85, 93, 122, 141, 193
   électroménagers, 62, **83**, 114, 115, 140, 170, 205
   ménagers, 63, 89, 244
   photo, 92
   sanitaires, 243
APPLIQUES, 20, 192
AQUARIUM, 20, 157
ARAIGNÉE, 21, 84 , 120
ARBRE, 101, 108, 123, 161, 179, 180, 184
ARDOISE, 21
ARGENTERIE, 21, 22, 30, 242, 243, 244
ARMOIRE, 63, 95, 138
   de cuisine, **22**
   en cèdre, 60
ARROSAGE, 40, 81, 101, 108, 109
ASPIRATEUR, 16, 17, 18, **23**, 32, 38, 40, 52, 56, 60, 64, 67, 76, 85, 90, 97, 103, 124, 128, 140, 141, 149, 156, 170, 174, 190, 192, 193, 195, 214, 224, 227, 228, 234, 237
ASPIRINE, 93, 134, 233
ASSIETTE, 32, 108, 115, 150, 164, 201
ASSOUPLISSANT, 23, 31, 92, 145, 170, 209
   (VOIR AUSSI FEUILLES D'ASSOUPLISSANT TEXTILE)
ASSURANCE, 48, 73
AURÉOLES, 105, 247
AUTOCOLLANTS, 24, 82, 165
AUTOCUISEUR, 24
AUTOMOBILE, 24, 25, 184, 191, 192, 237
   (VOIR AUSSI: SIÈGES D'AUTOMOBILE)
AVIS DE CHANGEMENT D'ADRESSE, 74

B

BAC, 97, 110
   à papier peint, **27**
   à peinture, **27**, 153
BAGUE, 28, 76
BAGUES À VIS, 32
BAIGNOIRE, 20, 24, 27, **28**, 29, 41, 47, 66, 130, 133, 179, 192
BAIN DE BÉBÉ, 29
BALAI, 56, 81, 157, 205
BALLES,
   de golf, **29**
   de ping-pong, **29**
   de tennis, **29**, 66, 114, 140
BAMBOU, 29
BARBECUE, 30, 104, 173
BAS, 18, **30**, 52, 83, 203
   de laine, **30**, 52, 85, 186
   de nylon, 24, **31**, 32, 37, 41, 47, 85, 147, 161, 164, 177, 183, 187, 195
   récupération des, 30, 31
BAS-CULOTTES, 31
BATTEUR ÉLECTRIQUE, 32
BENZINE, 218, 225
BÉRET, 32
BÉTON, 32, 56, 57, 101, 156, 157
BETTERAVE, 213
BEURRE, 216, 223, **224**
   d'arachide, 87, 123, 165, 166, 222
BIBELOTS, 74, 85
BIBERON, 32, 33, 115
BIBLIOTHÈQUE, 33
BICARBONATE DE SOUDE, 16, 17, 21 à 23, 28, 29, 33 à 35, 39, 41, 47 à 50, 53, 56, 62 à 64, 75, 82, 83, 94, 101, 112, 114, 115, 121, 124, 125, 129, 132, 139, 144, 148, 149, 155, 159, 170, 173, 175, 190, 192 à 194, 198, 199, 217, 221, 224, 227, 228, 235 à 237, **242**
BICYCLETTE, 33, 53, 173, 214, 224
BIÈRE, 75, 86, 108, 151, 158, **213**
BIJOUX, 28, **33**, **34**, 64, 76
BLANC D'ŒUF, 36, 45, 52, 60, 69, 84, 119, 222, 223

INDEX

BLANC DE MEUDON (OU BLANC D'ESPAGNE), 242
BLANCHIMENT (AGENT DE), 78, 245
BLOUSES, 116
BOIS, 22, 35, 60, 61, 82, 84, 89, 96, 101, 114, 129, 136, 177, 186, 199, 209, 212 à 215, 230, 247
  blanc, 34
  de grève, 34
  dur, 59, 207
  produit protecteur pour le, 33, 128 à 130, 152
  sculpté, 85, 128
BOISERIES, 35, 51, 105, 128, 247
BOISSON,
  alcoolisée, 246
  gazeuse, 213, 243
BOÎTE, 62, 118, 145, 152, 170, 181, 207
  à couture, 18, **35**, 131
  à fleurs, 35, 223
  à lunch, 35, 242
  à œufs, 35, 173
  aux lettres, 35, 46
  de carton, 73, 74, 112, 119, 147, 206
BOL À SALADE, 35
BONBONS, 213
BORAX, 49, 64, 75, 114, 192, 197, 214, 215, **242**, 243
BOTTES, 31, 54
  caoutchoutées, 36
  de cuir, 36
  de ski, 37
BOUCHES DE VENTILATION, 17, 85
BOUCHON, 39, 164, 198, 204
  de liège, 21, 164, 201, 229, 232
BOUE, 214
BOUGIES, 37, 98, 127
BOUILLOIRE, 37, 51, 198, 222, 226
BOUILLOTTE, 38
BOULE,
  antimites, 38, 96
  de quille, 38
BOULOCHAGE, 111
BOURRE, 140, 178
BOUTEILLE,
  d'aérosol, 39, 145
  de fixatif, 39
  de ketchup, 39
  de propane, 30
  de vernis à ongles, 111, 150
  de verre, 58, 135
  de vin, 165
  Thermos, 39
BOUTONS, 35, **39**, 40, 55, 172
  supplémentaires, 40
BOYAU D'ARROSAGE, 40, 81, 101
BRAN DE SCIE, 57, 96, 97, 156
BRIQUES, 40, 97, 101, 248
BRIQUET, 25, 91
BRONZE, 40
BROSSAGE, 51, 187
BROSSE, 29, 32, 33, 40, 46, 47, 67, 85, 97, 103, 127, 128, 149, 154, 161, 196, 209, 217, 237
  à cheveux, 23, 31, **41**
  à dents, 22, 24, 33, 34, 44, 50, 51, 76, 81, 90, 122, 141, 149, 162, 187, 203, 230
  métallique, 30
  rigide, 54, 97, 128
BROYEUR D'ÉVIER, 41
BRÛLURE, 129, **214**, 215, 229, 248
BUANDERIE, 66, 121, 178
BÛCHES DU FOYER, 97
BUÉE, 41, 105, 120, 130, 132, 194
BULBES, 32, **41**
BULLES,
  d'air, 74, 146, 204
  de savon, 20, 30, **41**, 82, 158
BUVARD, 146, 217

C

CABAS, 179
CACAO, 215
CACHEMIRE, 43
CACTUS, 44, 131
CADRE, 44, **45**, 74, 89, 163, 209
CAFÉ, 49, 53, 63, 75, 195, 197, **215**, 241
CAFETIÈRE, 37, **45**
CALCAIRE, 17, 37, 47, 49, 90, 130, 162, 173, 174, 196, **216**, 244, 248
CALCIUM, 36, 96, 192
CALFEUTRAGE, 45, 59, 64
CAMBOUIS, 216
CAMOUFLAGE, 28, 92, 109, 129, 134
CAMPHRE, 22, 138, 153, **243**
CANAPÉS, 46

255

L'ABC DES TRUCS DE MADAME CHASSE-TACHES

CANNELLE, 137, 147
CAOUTCHOUC, 25, 36, **46**, 99, 165, 169, 185, 192, 240, 244
CARAFES, 46, 47
CARAMEL, 216
CAROTTE, 124, 169
CARREAU,
    cassé, 208
    de céramique, 47, 50, 156, 179
    de fenêtre, 124, **208**, 209
    de plafond, 155
CARRELAGE, 28, 179
CARROSSERIE, 24
CARTE DE CRÉDIT ÉCHUE, 48
CARTES À JOUER, 47, 48
CARTON, 58, 61, 74, 93, 96, 123, 124, 147, 149, 152, 164, 201, 206
    de lait, 48
CASQUETTES, 48
CASSEROLES, 30, 48, 51, 113, 137, 147, 160, 162, 181, 204
    brûlées, 48
    en cuivre, 70, 71
    en émail, 49
CASSETTES, 206, 207
CÈDRE, 38, **49**, 60, 131
CENDRES, 159
    de cigarette, 21, 95, 129, 213, 235
    du foyer, 49, 97
CÉRAMIQUE, 47, **50**, 156, 179
CERFEUIL, 95
CERISE, 216
CERNES, 36, 49, 67, 82, 91, 125, 129, 146, 196, 197, 207, **216**, 217, 220, 235
CHAISE, 29, 141, 150, 247
    de jardin, 127, 173
    en tissu, 59, 127
    haute, 50
CHALEUR, 16, 24, 36, 37, 43, 45, 49, 53 à 55, 70, 93, 96, 98, 112, 115, 118, 130 à 132, 152, 171, 172, 181, 185, 203, 207, 240
CHAMPAGNE, 217
CHANDAILS, 19, 65, 131, 236
CHANDELIERS, 50, 51
CHANDELLE, 37, 144, 194
CHAPEAU,
    de feutre, 51
    de paille, 51
CHARBON DE BOIS, 22, 60, 93, 119, 138, 170, 232
CHARDONS, 126
CHARNIÈRES, 163
CHARPIE, 69, 91, 116, **133**, 205
CHASSE D'EAU, 82, 196, 197
CHAT, 51, 108
CHAUDRONS, 114, 181
CHAUFFERETTE ÉLECTRIQUE, 52
CHAUSSURES, 30, **52** à **55**, 57, 111, 149, 156, 184, 191, 223
    à talons aiguilles, 156
    blanches, 52
    de cuir verni, 53
    de satin, 53
    de sport, 53, 191
    de suède, 53, 187
    de toile, 53
    détrempées, 53
    pour enfants, 54
    trop justes, 54
CHEMISE, CHEMISIER, 55, 216, 225, 226, 234
CHEVEUX, 18, 23, 31, 41, 44, 56, 59, 82, 108, 166, 180, 198, 216, 222, 235
CHICORÉE, 75
CHIEN, 56, 160, 161
CHIFFON, 15, 21, 22, 24, 31, 34, 36, 38, 47, 53, 59, 64, 69, 86, 91, 101, 103, 108, 117, 118, 120, 124, 128 à 130, 134, 137, 140, 141, 146 à 149, 154, 157 à 159, 170, 174, 175, 184, 186, 187, 194 à 196, 198, 208, 213, 214, 219 à 223, 228 à 232, 237, 245
    antistatique, 56, 140
    de coton, 47, 159
    de flanelle, 70, 130
    de laine, 36, 163
CHLORE, 20, 109, 122, 196
CHOCOLAT, 217
CHOU, 137, 191
CHOU-FLEUR, 137
CHROME, 56, 101, 232
CHUTES DE TAPIS, 156
CIMENT, 56, 57, 156, 157
CINTRE, 27, 40, **57**, 65, 96, 113, 143 à 145, 183, 185
CIRAGE À CHAUSSURES, 52, 54, **57**, 91, 163, 171, **217**
CIRÉ, 40
CIRE,
    d'abeille, 91, 128
    de chandelle, 194, **217**
    en pâte, 150
    épilatoire, 44

INDEX

fondue, 37, 50, 218
pour meubles, 70
CISEAUX, 58, 214
CITRON, 28, 30, 52, 87, 95, 114, 139, 161, 170, 240, 246, 247
CITRONNELLE, 137
CLAVIER, 139, 140
CLÉ, 25, **58,** 184, 232
CLOQUES, 105, 147
CLOUS, 44, **58,** 92, 124, 134
de girofle, 95, 131, 147, 161
de tapissier, 59
CLUB SODA, 24, 56, 87, 187, 191, 213, 215, 235 à 237, **243**
COCCINELLES, 59, 60
COFFRE, 38, 75
à outils, 60, 232
de voiture, 25, 110, 173, 179
en cèdre, 60, 131
COL, 55, 96, 113, 172, 187, 204, 216
COLA, 71, 47, 154, 196, 208, 213, 223, 232
COLLANT, 31, 65
COLLE, 20, 87, 239, 244, 247
à bricolage, 60
blanche, 60, 83, 207, 214, **218**
cuite, 61
epoxy, 134
COLORANT, 61, 163
alimentaire, 197, 213, 218
COMMODE, 61
COMPRESSE, 178, 245
COMPTOIR, 62, 70, 126, 165, 182, 202, 242, 248

CONDENSATION, 92, 105
CONDITIONNEUR, 125
CONFITURE, 218
CONGÉLATEUR, 19, 37, 50, 54, **62** à 64, 68, 107, 119, 131, 153, 159, 177, 218, 222
CONGÉLATION, 48, 63
CONTENANTS PLASTIFIÉS, 62, **63,** 167
CONTRE-FENÊTRE, 45, 77
COPEAUX DE CÈDRE, 38, 131
COQUERELLES, 63, 64
COQUILLE,
d'huitre, 37
d'œuf, 47, 65, 117, 158, 226
CORAIL, 64
CORDE À LINGE, 31, **64,** 65, 84, 123, 184, 226
CORDON, 31, 116, 118, 174, 190
CORNICHE, 123
COTON, 65, 77, 78, 100, 144, 152, 182, 195, 217, 222 à 225, 227, 232 à 235
COTON-TIGE, 24, 90, 109, 122, 139, 140, 229, 233
COUENNE DE LARD, 160
COUETTE, 16, 29, **66**
COULEURS, 34, 46, 51, 67, 69, 70, 74, 78, 84, 91, 108, 109, 112, 117, 118, 129, 134, 144, 169, 182, 183, 190, 191, 195, 202, 219, 246
COULISSE, 150, 194
COULOIR, 67
COUPE-BRISE, 45
COUPE-FROID, 45, 98
COUPURE DE JOURNAL, 67, 151

COUPURES, 240, 248
COUSSINS, 24, **67,** 85
COUTEAU, 46, 50, 62, **67,** 160, 165, 215, 216, 218, 222, 228
à tapis, 192
dentelé, 162
électrique, 162, 192
Exacto, 28, 145, 162
COUTURE, 18, 35, 55, 58, 121
COUVERCLE, 60, 63, 99, 121, 124, 127, 137, 165, 166, 179
de pot de conserve, 63, 127
COUVERTURES, 117, 161, 183
COUVRE-LIT, 66, 117
CRAIE, 60, 95, 105, 163, 232, 242
CRAQUELURES, 162
CRAQUEMENTS, 55, **68,** 105, 155
CRAVATE, 68, 224, 225
CRAYON, 44, 187
à colorier, 109, 190
à maquillage, 68
à mine de plomb, 194
de cire, 129, 134, 146, **219**
marqueur, 73
teint, 129
CRÈME, 32, 61, 70, 171, 218, 225, 232
à raser, 46, 191, 213
glacée, 63, **219**
CRÉOSOTE, 108
CRÉPINES, 198
CREVAISON, 173
CRISTAL, 69, 120
CUBES DE GLACE (VOIR GLAÇON)
CUILLÈRE, 172, 218, 222, 228

257

CUIR, 36, 52, 59, **69**, 70, 96, 163, 171, 191, 228
  détrempé, 36
  mouillé, 36
  verni, 36, **53**
CUISINE, 22, 62, 70, 105, 127, 137, 149, 241, 245, 248
CUISINIÈRE, 70, 126, 137, 160
CUISSON, 49, 63, 95, 113
CUIVRE, 70, 71, 247
CURE-DENT, 119, 134, 162, 207
CURRY, 219
CUVETTE, 82, 138, 196, 197

D

DAIM, 53, 187, 224, 231
  (VOIR AUSSI SUÈDE)
DALLES, 125, 126, 133
DÉBARBOUILLETTE, 92, 148
DÉBOBINAGE-REMBOBINAGE, 207
DÉBRIS, 156, 197, 204
DÉCALCOMANIE, 20
DÉCAPANT, 40
DÉCHIRURE, 17, 66, 84, 134, 145
DÉCONGÉLATION, 48
DÉFEUTRER (TRICOT), 112, 113
DÉMÉNAGEMENT, 73, 74, 186
DENTELLE, 74, 75, 135, 246
  jaunissement de la, 75
DENTIFRICE, 22, 33, 34, 69, 70, 76, 77, 129, 134, 136, 139, 148, 153, 156, 208, **219,** 221, 223, 228, 234, 243
DÉPÔTS CALCAIRES, 48, 162, 216, 244
DÉSHUMIDIFICATEUR, 105
DÉSINFECTION, 109
DÉSODORISANT, 138, **220,** 242, 246
DÉSODORISER, 41, 53, 87
DÉTECTEUR,
  de montants, 59
  fumée, 76
DÉTERGENT, 56, 69, 82, 117, 156, 173, 186, 213, 215, 216, 223 à 227, 229 à 231, 233, 236
  liquide, 33, 115, 123, 125, 126, 152, 161, 163, 164, 186, 191, 212, 221, 224, 232
  pour lave-vaisselle, 56, 97, 104, 235
DÉVISSER, 99, 119, 162, 208
DIAMANTS, 76
DISQUES COMPACTS, 76
DISSOLVANT DE VERNIS À ONGLES, 52, 58, 77, 87, 90, 101, 204, 208, 217, 218, 221 à 223, 227, 229, 234, 239
DOIGT, 18, 28, 58, 66, 76, 77, 99, 124, 130, 136, 152, 179, 186, 230, 241
DOUBLES FENÊTRES, 77
DOUCHE, 74, 82, 110, 143, 162, 163, 173, 206
DOUILLETTES, 85
DRAPERIES, 16
DRAPS, 77, 78, 118, 122, 125, 178, 180, 182
DRAP-HOUSSE, 67, **79,** 189
DUVET, 29, 66, 67, **79,** 140, 178

E

EAU, 81
  de cuisson, 21, 74, 112, 126, 132, 158, 195
  de Javel, 20, 28, 34, 38, 45, 49, 50, 51, 77, 83, 95, 110, 116, 119, 123, 126, 136, 146, 157, 161, 164, 171, 193, 205, 207, **220,** 227, 229, 243
  de linge, 172, 244
  déminéralisée, 90, **244**
  de pluie, 46, 93, 108, 214
  de riz, 75
  de toilette, 33, 151, 172
  dure, 82, 116, 196
  du robinet, 90, 122
  minérale, 68
  oxygénée (peroxyde), 113, 119, 139, 173, 175, 208, 212, 214, 215, 220, 225, 228 à 231, 233, 236, 237, **244,** 245
  Perrier, 236, 237
ÉCHELLE, 82
ÉCLABOUSSURES, 32, 95, 96, 163, 214, 240
ÉCONOME (COUTEAU ÉPLUCHEUR), 174
ÉCONOMIE,
  d'eau, 81, 82
  d'électricité, 81, 184
ÉCORCES (D'AGRUMES), 37, 41, 108, 131, 155, 166
ÉCRAN, 85, 139, 194
ÉCUREUILS, 83, 108
ÉCUSSONS, 83

INDEX

ÉGRATIGNURES, 21, 52, 86, 129, 156, 201, 240
ÉLASTIQUE, 22, 31, 57, 58, 122, 154, 162, 165, 190, 213, 222, 226
ÉLECTRICITÉ STATIQUE, 18, **83**, 85, 186, 194
ÉLECTROMÉNAGERS, 83, 114
ÉLIMINATEUR D'ODEURS, 237
ÉMAIL, 49, 196
EMBALLAGES, 118, 159
EMBAUCHOIR, 36
EMBOUT D'ASPIRATEUR, 76, 103, 128, 140, 141, 195
EMMANCHURES, 172
EMPESER, 31, 74, 84, 241
EMPOIS, 53, **83**, 130, 172, 205
EMPREINTE, 152
ENCRE, 69, 112, 166, 221, 234, 241, 245
   à tampons, **220**
   de Chine, **220**
   d'imprimerie, 131
   indélébile, 109
   liquide, 77, **220**
ENFILAGE DES BOTTES, 37
ENFILER (AIGUILLE), 18
ENGRAIS, 49, 100
   maison, 48, 157
ENVELOPPE, 35, **84**, 178
   de couette, 66
   de coussin, 79
   de papier, 84, 152
   d'oreiller, 79, 140
ÉPINARD, 221
ÉPINES, 44, 174
ÉPINGLE, 32, 35

à linge, 31, 65, **84**
   en acier inoxydable, 74
ÉPONGE, 23, 36, 62, 97, 117, 126, 132, 138, 147, 155, 160, 163, 164, 171, 178, 190, 227
ÉPOUSSETAGE, 17, 33, 52, 56, **84**, 85, 97, 120, 186
ÉQUIVALENCES, 249
ÉRAFLURES, 69, 100, 128, **129**, 208
ESCABEAU, 86
ESCALIER, 86
ESSENCE,
   à briquet, 24, 87, 208, 223, 232, 234, **244**
   de girofle, 51, 95
   de lavande, 166
   d'eucalyptus, 223
   de vanille, 38, 95, 170, 248
ESSUIE-GLACES, 25
ESSUIE-MAINS, 29, 126, 146
ESSUIE-TOUT, 24, 48, 51, 62, 70, 74, 93, 95, 121, 123, 145, 165, 169, 184, 191, 199, 212, 213, 217 à 221, 224, 227, 230, 232, 234
ÉTAGÈRES, 33, 56, 247
ÉTAIN, 86
ÉTANCHÉITÉ, 45, 46
ÉTHER, 222, 224, 231
ÉTIQUETTES, 77, **87**
   autocollantes, 35, 74, 87, 165, 207, 244
ÉVENTS, 59
ÉVIER, 21, 29, 41, **87**, 139, 162, 170, 182, 198, 236, 242 (VOIR AUSSI ACIER INOXYDABLE)
EXTERMINATION, 60

F

FACTURES ET GARANTIES, 89
FARINE, 34, 60, 61, 70, 100, 104, 107, 108, 148, 174, 192, 224
FAUX PLIS, 55, 118, 145, 172
FÉCULE DE MAÏS, 61, 70, 128, 174, 197, 209, 214, 224, **245**
FÊLURE, 162, 166
FENÊTRES, 45, 46, 59, 77, 84, 85, **89**, 90, 105, 137, 138, 153, 208, 209
FENTE, 28, 85, 134, 155, 194
FER,
   à friser, **90**
   à repasser, 62, **90**, 112, 118, 128, 146, 205, 219, 244
   à vapeur, 68
FER FORGÉ, 91
   oxydé, 91
FERMETURE,
   éclair, 65, **91**, 116
   en velcro, 116, 203
FERTILISANT, 158
FEU DE FOYER, 92
FEUILLAGE, 151, 158
   des plants de légumes, 108, 151
   luisant, 158
FEUILLE,
   d'assouplissant textile, 18, 24, 48, 83, 85, 91, **92**, 118, 143, 161, 163, 166, 174, 178, 183, 186, 194, 202
   de géranium, 223
   de laurier, 92

259

L'ABC DES TRUCS DE MADAME CHASSE-TACHES

de papier, 27, 32, 35, 42, 113, 124, 183, 185
de placoplâtre, 92
de plants de tomate, 21
de plastique mince, 98
de thé, 46, 49
plastifiées, 98, 223
usagées d'assouplissant, 24
FEUTRE, 44, 51, 54, 86, 152, 156, 189
FEUTRINE, 22
FÈVES BLANCHES, 113
FIBRE DE COTON, 77
FICELLE, 140, 208
FIENTE D'OISEAUX, 221
FIL,
à pêche, 134
de nylon, 17
métallique, 97, 234
FILET, 41, 65, 110, 115, 123, 166
FILM PHOTOGRAPHIQUE, 18, **92,** 151
FILS,
d'araignée, 120
de téléphone, 51
électriques, 51, **93**, 169
FILTRE,
à charpie, 133
d'aluminium, 104
neutralisateur, 82
FILTRER, 164
FINES HERBES, 92, 138
FISSURES, 105, 157, 159
FIXATIF, 16, 18, 52, 67, 69, 87, 90, 94, 132, 134, 160, 184, 191, **221,** 232, 234
FLAMME, 25, 91, 98, 208
FLANELLE, 22, 70, 78, 130, 171

FLEURS,
fraîches, **93**
plastifiées et artificielles, **94**
séchées, **94**
FOND DE TEINT, 222, 246
FONTE, 159, **160**
FOUR, 94, 242
à micro-ondes, 57, 63, **95,** 202
FOURMIS, 95
FOURNAISE, 96
FOURRURE, 96, 131, 245
FOYER, 49, 92, **97**
FRITEUSE, 98
FRUITS, 132, 161, **222**
FUITE D'AIR CHAUD, 98
FUMÉE DE CIGARETTE, 96

G

GANTS,
de caoutchouc, **99,** 185, 240
de coton, 29, 99, 120
de cuir, **100**
de latex, **100,** 165
de travail, 19, 208
de vinyle, **100**
GARDE-ROBE, 57, 126, 151
GAZ, 96, 243
à effet de serre, 100
carbonique (CO2), 157, 165
GAZOLINE, 246
GAZON, 23, 30, **100,** 193, 224
GELÉE DE PÉTROLE (VOIR VASELINE)
GENOUILLÈRES, 100
GENOUX, 100, 104

GERÇURES, 245
GERMES, 122, 141
GIVRE, 184, 209
GLACIÈRE, 62
GLAÇON, 41, 63, 159, 192, 217, 222, 223
GLISSIÈRES, 90
GLYCÉRINE, 15, 31, 36, 41, 70, 74, 82, 110, 113, 117, 120, 124, 130, 135, 160, 180, 182, 190, 204, 213, 215, 217, 219, 224, 225, 229, 230, 232, 235, 237, **245**
GOMME,
à effacer, 15, 52, 87, 146, 156, 234
à laque, 136
à mâcher, **222**
dans les cheveux, 222
GOMMETTE, 145
GOUDRON, 52, **223**
GOUTTIÈRES, 101, 109
GRAFFITIS, 101, 146
GRAINES DE TOURNESOL, 123
GRAINS DE RIZ, 179
GRAISSE, 182, 241, 248
de bacon, 182
de bicyclette, 224
de rôti, 182
GRAS, 22, 57, 63, 76, 96, 119, 123, 160, 170, 182, 185, 198, **224,** 242, 245 à 247
de cuisson, 123
GRIFFES, 51
GRILLE-PAIN, 101
GRILLES, 30, 52, 70, 97
GUÊPE, 16
GUIRLANDES LUMINEUSES, 180

260

INDEX

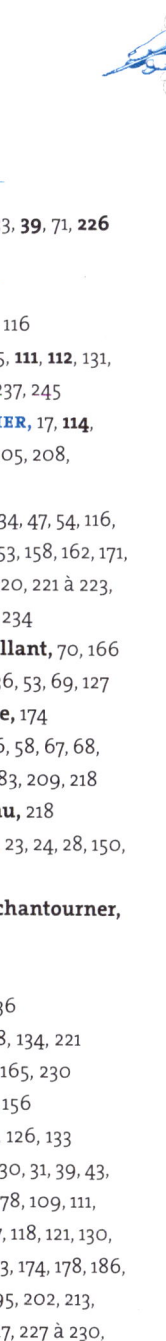

H

HAUT-PARLEURS, 207
HERBE, 29, 78, 92, 100, **224**, 225, 241, 246
HORLOGE, 103
HOTTE DE CUISINIÈRE, 104
HOUSSE,
  à barbecue, 104
  étanche, 16
HUILE, 104
  camphrée, 196
  d'amande douce, 100
  de citron, 50, 89, 230, **245**
  de cuisine, 68
  d'eucalyptus, 132, 231
  de lin, 29, 34, 54, 55, 129, 141, 153, 175, 196, 212, 213, 230, 245
  de menthe, 95
  de ricin, 149
  de tournesol, 223
  d'olive, 17, 21, 36, 75, 128 à 130, 144, 158, 199, 225, 232
  en aérosol, 25, 63
  essentielle, 78, 92, 186
  minérale, **245**
  pour bébé, 77, 163
  solaire, 122
  végétale, 48, 87, 91, 141, 150, 156, 160, 163, 169, 216, 231, 247
HUMIDIFICATEUR, 104
HUMIDITÉ, 17, 37, 54, 55, 61, 67, 78, **105**, 119, 148, 152, 154, 160, 183, 191, 247

I

IMPERMÉABLE PLASTIFIÉ, 40
INFECTIONS, 248
INSECTES, 24, 25, 95, 108, 119, 151, 158
ISOLATION, 46
  de l'entretoit, 46
  du grenier, 46
  du sous-sol, 46

J

JADE, 107
JARDIN, 49, 92, **107**, 108, 123, 243
JARDINAGE, 53, 97, 104, 131
JAUNE D'ŒUF, 214, 215
JAUNISSEMENT, 75, 119, 141, **225**
JAVELLISANT, 50, 109, 117, 196, 229
JEANNETTE, 55, 172
JEANS, 109, 116 144
JERSEY, 109
JOUETS, 109
JOURNAUX, 97, 130, 131, 151
JUPE, 31, 65, 83, **110**
JUPON, 83
JUS,
  de citron, 17, 34, 51, 65, 70, 77, 87, 104, 123, 129, 136, 139, 163, 174, 175, 182, 185, 195, 197, 201, 203, 209, 220 à 224, 227 à 229, 232 à 237, 242, **246**
  de fruits, 70, **226**, 241
  de tomate, 77, 132
  d'orange, 147, 174

K

KETCHUP, 33, **39**, 71, **226**

L

LACETS, 111, 116
LAINAGE, 75, **111**, **112**, 131, 195, 236, 237, 245
LAINE D'ACIER, 17, **114**, 127, 160, 205, 208, 232
LAIT, 21, 32, 34, 47, 54, 116, 129, 138, 153, 158, 162, 171, 174, 196, 220, 221 à 223, 225 à **227**, 234
  démaquillant, 70, 166
  écrémé, 36, 53, 69, 127
  en poudre, 174
LAME, 28, 46, 58, 67, 68, 148, 150, 183, 209, 218
  de couteau, 218
  de rasoir, 23, 24, 28, 150, 209
  de scie à chantourner, 58
LAMPES, 74
LANOLINE, 36
LAQUE, 16, 18, 134, 221
LATEX, 100, 165, 230
LATTES, 155, 156
LAVABO, 114, 126, 133
LAVAGE, 20, 30, 31, 39, 43, 56, 66, 75, 78, 109, 111, 115, 116, 117, 118, 121, 130, 144, 155, 173, 174, 178, 186, 190, 191, 195, 202, 213, 214, 216, 217, 227 à 230, 232, 234, 235
LAVANDE, 119, 166
LAVE-GLACE, 209, 244
LAVE-LINGE, 121

261

L'ABC DES TRUCS DE MADAME CHASSE-TACHES

LAVEUSE, 53, 65, 66, 112, 122, 127, 178, 195, 218, 223
LAVE-VAISSELLE, 39, 48 à 50, 56, 69, 70, 82, 94, 104, **114**, 115, 125, 126, 199, 202, 205, 235, 242
LAVE-VITRE, 22, **115**, 159, 177, 204
LAVOIR PUBLIC, 122
LÉGUMES, 108, 169, **222**
LENTILLES CORNÉENNES, 221
LÉPISMES (POISSONS D'ARGENT), 161
LESSIVE, 39, 65, 78, 82, 111, **116**, 181, 184, 224 à 226, 234
  précautions, 116
LEVURE, 96
LIÈGE, 21, **117**, 164, 190, 201, 229
LIMACES, 117
LIME À ONGLES, 117
LIN, 69, **117**, 118, 205
LINGE, 15, 17, 28, 33, 41, 46, 50 à 52, 64, 65, 67, 69, 70, 71, 76, 84, 85, 87, 91, 94 à 96, 103, 105, 116 à 118, 126, 128, 130, 134, 140, 143, 144, 146, 152, 153, 156, 162, 171, 182 à 184, 187, 190, 191, 194, 196, 203, 206, 215, 217, 237, 243, 244
  absorbant, 74, 184
  antistatique, 76
LINGERIE, 118, 131, 136, 186
LINOLÉUM, 118, 245
LIQUIDE CORRECTEUR, 227
LIQUIDE NETTOYANT, 122, 140
LIT, 16, 66, 78, 125
LITERIE, 16, 74, 172, 244
LITIÈRE POUR CHATS, 25, 56, 105, 139, 156, 170, 228
LIVRES, 33, 73, **119**, **171**
LUBRIFIANT, 121, 248
LUMIÈRE DE NOËL, 93, 180
LUMINAIRES À PENDELOQUES, 120
LUNETTES, 119, 120, 240
LUSTRES, 9, 17, 84, 85, **120,** 204

M

MACHINE,
  à coudre, 83, 121
  à laver, 43, 81, 111, 117, 118, **121,** 122, 133, 140, 173, 178, 192, 211, 216, 217, 221, 225, 226, 227, 236, 243
MAGNÉTOSCOPE, 93, **122**
MAILLES, 31, 104
MAILLOT DE BAIN, 122, 123, 223
MAINS SOUILLÉES, 76
MANCHES, 55, 65, 116, 172, 182
  à outil, 58, 154
MANGEOIRE D'OISEAUX, 83, **123**
MANTEAUX,
  de suède, 187
  en duvet, 29, 79
MANUEL D'INSTRUCTIONS, 89
MAQUILLAGE, 68, 222, **227,** 246
MARBRE, 123, 124
MARBRURES
BLANCHÂTRES, 173
MARC DE CAFÉ, 49, 63
MARQUES,
  de crayon, 69, 134, 146
  noires, 23, 35, 52, 156
MARTEAU, 58, 92, **124,** 208
MASTIC, 124
MATELAS, 16, 66, 85, **124,** 125, 173, 206, 233
  d'eau, **125**
  en mousse, 16
MAUVAISES HERBES, 100, **125,** 126
MAYONNAISE, 129, 214
MÈCHE, 37, 222
MÉLANGEUR, 126
MÉLASSE, 96
MÉNAGE ULTRARAPIDE, 126
MENTHE, 95, 186
MERCUROCHROME, 227
MÉTAUX, 148, 242, 248
MÉTHANOL, 241
MEUBLE, 17, 24, 29, 57, **127,** 138, 150, 156, 160, 189, 192, 217, 221, 234, 237, 245
  ciré, 57, 128
  de cuir, 69, **127**
  de jardin, **127,** 175, 223
  de rangement, 38, 75
  de rotin, 85, 175
  de velours, **127**
  en bois, 75, **128,** 129, 214
  en résine de synthèse, 127
  en tissu, 46
  laqué, 129
  rembourré, 16
  verni, 130
MICROBES, 109

262

INDEX

MICRO-ORGANISMES, 157
MIE DE PAIN, 45, 119, 146, 152, 187, 225
MIETTES, 56, 64, 95
MINÉRAUX, 20, 37, 82, 158
MIROIRS, 74, **130**, 131, 179, 221, 240, 248
MITAINES POUR LE FOUR, 131, 208
MITES, 112, **131,** 153, 193, 243
MOHAIR, 131
MOISI (OU MOISISSURE), 17, 32, 36, 47, 61, 93, 105, **119, 138,** 173, **228,** 241, 243
MONTRE, 132, 194
MOQUETTES, 16, 153
MOUCHES, 77, **132**
MOUCHOIRS, 53, 116, 160, 183
MOUFFETTES, 108, **132**
MOULURES, 51, 67, 154
MOUSSE, 16, 32, **133,** 243
   de sécheuse, 133
   nettoyante pour tapis ou tissus, 67
   savonneuse, 122, **133,** 164, 205
   verte (rocaille), **133**
MOUSSELINE, 66, 75
MOUSTIQUAIRES, 59, 132, **133,** 134, 209
MOUTARDE, 107, 221, **228**
MURS, 47, 64, 67, 70, 98, 105, **134,** 149, 150, 179, 185, 202, 219, 221, 243
   de plâtre, 59
   en bois, 247

N

NAPPES, 74, 118, 126, **135,** 189, 213, 218, 224, 225, 235, 244, 246
NAPPERONS, 74, 135
NAVET, 137
NÉGATIFS, 152
NEIGE, 25, 123, 150, 173, 193
NETTOYAGE, 28, 63, 95, 97, 110, 130, 146, 153, 156, 158, 208
   à l'extérieur, 94, 131, 193
   à sec, 16, 44
   sans effort, 21
NETTOYANT, 21, 114
   au pH neutre, 118
   pour le four, 158 à 160, 171, 209
   pour les meubles de cuir, 70, 163
   pour les vitres, 39, 45, 103, 186
NICOTINE, 77, **136, 228**
NŒUD, 50
   du bois, **136**
NOURRITURE, 48, 63
NOUVEAU-NÉS, 32, 227
NOYAU D'OLIVE, 115
NYLON, 17, 32, **136,** 224, 244 (VOIR AUSSI BAS DE NYLON)

O

OBJET PERDU, 32
ODEUR, 137
   dans la cuisine, 137
   dans la salle de bains, 137
   dans le sous-sol, 105, 138
   de cigarette, 96, **138**
   de lait suri, 33
   de peinture, **138**
   de renfermé, 45, 61, 105, 115, 118, **139,**202
   de transpiration, 112, 236
   d'humidité, 96, 105, 115, 154, 178, 192
   sur les mains, **139**
ŒUFS, 229
   de coquerelles, 64
   de mites, 112
   de papillons blancs, 108
OIGNON, 68, 75, 138, 190, 232
OISEAUX, 64, 83, 123, 161, 221
ONGLES, 99, **139**
OPALE, 139
ORANGE, 52, 97, 161, 166, 169, 174, **229**
ORDINATEUR, 85, **139**
OREILLER, 16, 79, **140,** 183
ORIFICE D'ÉVACUATION, 87, 198
OSIER, 140, 247
OUTILS POUR PEINDRE, 153, 248
OUVERTURE, 165
OUVRE-BOÎTE ÉLECTRIQUE, 141
OXYDATION, 21, 22
OXYGÈNE, 21, 78, 125, 242

P

PAGE DÉCHIRÉE, 119
PAILLASSON, 156

L'ABC DES TRUCS DE MADAME CHASSE-TACHES

PAILLETTES, 143
PAIN, 35, 45, 119, 146, 152, 187, 198, 213, 225
  rassis, 123
PAIN DE SAVON, 31, 37, 155, 204, 212, 227, 246, 247
PANIER, 115, 126
  à lessive, **143**, 144
  à linge, 25, 179
PANSEMENT, 40, **144**
PANTALON, 65, **144**, 153
  en velours, 144
  froissé, 206
PAPIER,
  abrasif, 183, 246
  absorbant, 25, 90, 94, 98, 211, 215, 217
  à bulles d'air, 74
  adhésif, 59, 61, 73, 145, 208
  buvard, 146
  carbone, 230
  cellophane, 145
  ciré, 18, 22, 32, 35, 54, 124, 197
  d'aluminium, 21, 27, 51, 58, 119, 149, 153, 157, 158, 172
  d'emballage, 113
  de soie, 22, 47, 61, 75, 112, 118, 143, 185, 224 à 226, **246**
  émeri, 25, 35, 58, 60, 163, 184, 187, 233, **246**
  essuie-tout, 24, 64, 123, 230
  journal, 19, 22, 25, 36, 37, 54, 181, 182, 208, 209, 219
  peint, 27, 105, **145** à 147, 219, 242
  sablé, 25, 246
PARAFFINE, 90, 123, 150, 175
PARAPLUIE, 147
PARASITE, 75, 166
PARASOL, 127
PARE-BRISE, 25, **147**
PARE-CHOCS, 25
PARFUM, 19, 23, 33, 38, 117, 118, **147**, 148, 151, **230**
PARFUMEUSE, 148
PARQUET DE LIÈGE, 117
PARTICULES MAGNÉTIQUES, 207
PÂTE, 17, 22, 34, 47, 150, 157, 161, 190, 197, 203, 217, 221, 233, 235, 242
  à joints, 42
  à modeler, **230**
PATINE, 91
PATINS, 31, 37, **148**
PATTEMOUILLE, 118, 195, 206
PATTES DE MEUBLES, 29, 51, 156, 192
PEAU, 33, 44, 82, 99, 132, 144, **148**, 164, 180, 216, 222, 223, 228, 231, 235, 239 à 242, 247, 248
  de banane, 52, 77
  de chamois, 15, 34, 56, 128, 129, 139, **148**, 151, 152, 203
  de crocodile, **149**
  de mouton, **149**
PEAUX SÈCHES, 245
PÊCHE, 230
PÉDALIER, 33
PEIGNES, 149
PEIGNOIR, 117
PEINTURE, 27, 40, 59, 82, 105, 134, **138**, **149**, 150, 154, **164**, 165, 204, 208, 209, **230**, 247, 248
  acrylique, 156
  aluminium, 136
  antirouille, 91
  blanche, 133
  extérieure, 86, 91
  opaque, 136
  séchée, 231, 239
PELLE, 150
PELLICULE, 22, 164, 221
  adhésive, 18
  blanchâtre, 62, 205
  plastique, 18, 44, 45, 63, 151, 153
PELOUSE, 100
PELUCHES, 78, **150**, 191, **197**, 203, 266
PELURES, 75
  d'agrumes, 65, 97
  de pomme de terre, 49
PENDELOQUES, 120
PENDERIE, 105, 131, 138, 139, **151**, 161, 178
PENTURES, 149
PERÇAGE CORPOREL, 240
PERCE-OREILLES, 108, **151**
PERCOLATEUR, 45
PEROXYDE, 35, 82, 114, 132, 171, 174, 186, 218, 224, 226, 229, 231, 233, 235, 244
PESTICIDES, 64
PÉTROLE, 58, 108
PHARES, 147
PHOTOGRAPHIES, 18, **151**, 152
PIANO, 152, 153

INDEX

PIÈCES, 16, 74, 92, 98, 105, 126, 132, 134, 138, 145, 147, 150, 155, 161, 180, 195, 237, 240, 248
   de collection, 22, 85, 202
   de monnaie, 209
   mécaniques, 33
PIÈGES À FOURMIS, 95, 96
PIERRES, 97, 101, 123, 133
   précieuses, 34
PIGEONS, 153
PILES, 76, **153**
PIMENT DE CAYENNE, 107, 108, 185
PINCE À ÉPILER, 44
PINCEAUX, 15, 20, 30, 36, 45, 57, 85, 86, 129, 133, 140, 149, 150, **153**, 154, 169, 171, 240, 248
   à maquillage, 85
PLACARDS, 105, **154**, 161, 215
PLAFOND, 64, 84, 85, 98, 105, 150, **155**, 204
PLANCHE,
   à découper, **155**, 242
   à repasser, 172, 203
PLANCHER,
   de bois, 49, **155**, 156, 247
   de cèdre, 49
   de céramique, **156**
   de ciment (garage), **156**, 157
   de linoléum, 118
   flottant, **157**
   stratifié, 157
PLANTES, 20, 39, 48, 51, 74, 100, 108, 109, 151, **157**, 158, 164

PLAQUE,
   à biscuits, **158**
   à pizza, 158
   noircies, 158
PLATEAU,
   à glaçons, **159**
   de chaise haute, 50
   de fruits, 132
   supérieur du lave-vaisselle, 49, 115
PLATES-BANDES, 151
PLÂTRE, 44, 59, 157, **159**, 231
PLATS,
   chauds, 129, 196
   de plastique, 115
PLEXIGLAS, 159
PLINTHES, 63, 161
PLIS, 15, 55, 65, 110, 118, 144, 172, 186, 206
PLOMBERIE, 64
PLUIE, 33, 46, 53, 64, 93, 108, 123, 126, 173, 214, **231**
PLUMEAU, 67, 84, 120, 186
PLUMES, 66, 79, 140, 178
PNEUS, 57 (VOIR CIMENT)
POÊLE À BOIS, 159
POÊLONS, 160
POIGNÉES DE PORTE, 149
POIGNETS, 50, 55, 96, 99, 113, 172, 187, 216
POILS,
   de chat, 108, **160**, 161
   de chien, 25, 108, **160**, 161
   perte des, 132, 160, 161
POISSONS,
   d'argent, **161**
   des chenaux, 48
POIVRE, 185

POLLEN, 133
POLYESTER, 77, 78, 118, **161**
POLYSTYRÈNE, 35, 159, **162**
POMME,
   de pin, 92
   de terre, 19, 22, 47, 52, 54, 69, 77, 124, 126, 130, 158, 184, 214, 221, 232
POMMEAU DE DOUCHE, **162**, 216
PONÇAGE, 101
PORCELAINE, 87, 114, **162**, 194, 201, 215, 235, 244, 246
PORTE,
   de douche, **163**
   de garage, 46
PORTE-DOCUMENTS, 163
PORTE-PARAPLUIES, 164
PORTE-SAVON, 164
POT, 166
   de fleurs, 74, 157, **164**
   de peinture, 27, **164**
   de verre, 60, **165**
POTERIE, 166
POUBELLES, 74, 108, 166
POUDRE, 70, 96, 155, 163, 187, 231, 247
   à récurer, 114
   de moutarde, 87, 107
   de pierre ponce, 212
   pour bébés, 146
POUPÉE, 24, 133, **166**
POUSSIÈRE, 15, 17, 19, 22, 23, 49, 51, 52, 56, 57, 67, 76, 84, 85, 94, 97, 103, 120, 122, 140, 141, 149, 156, 158, 170, 186, 193 à 195, 203, 204, 206
POUX, 166, 167

L'ABC DES TRUCS DE MADAME CHASSE-TACHES

PREUVE D'ACHAT, 89
PRISES DE COURANT, 46, **167**
PRODUIT,
   adoucissant, 43
   de nettoyage à sec, 224
   nettoyant pour le four, 159, 160, 242
   nettoyant pour le verre, 33, 120, 240, 246
   pour le rotin, 175
   protecteur pour le bois, 152
PRODUITS CHIMIQUES, 9, 122, 239, 240
PROTECTEUR, 101
   pour vinyle ou pour pneus, 163
PROTHÈSE DENTAIRE, 167, 201, 235
PUBLICITÉ, 35
PULLS, 65, 111 à 113, 116, 132

R

RACCORD, 30
RACINES, 109
RACLETTE, 20, 209
RADIATEURS, 85
RALLONGES, 169
RAMPES D'ESCALIER, 184
RANGEMENT, 22, 35, 66, 110, 112, 135, 147, 154, 207
RÂPE, 169
RASOIR, 112, 150
RATON LAVEUR, 108
RECYCLAGE, 173
RÉFRIGÉRATEUR, 61, 64, 85, 92, 107, 145, 152, **170** à 172, 182, 204
RELIURES, 33, **171**

REMBOURRURES, 29
REMPOTAGE DES PLANTES, 100
RENVOIS D'EAU, 87, 133, 198 **(VOIR AUSSI TUYAUX)**
REPASSAGE, 31, 43, 55, 65, 66, 75, 77, 109, 110, 118, 144, **172**, 174, 206, 207
RÉSIDUS, 38, 101, 104, 122, 147, 183, 190, 216, 218, 221, 223, 227
   de colle, 24
   de fixatif, 41
   de laque, 130
   de nourriture, 21, 48, 63, 213, 222
   de papier-mouchoir, 183
   de peinture, 154, 164
   de poussière grasse, 97, 182
   de savon, 76, 116, 122, 163
   de tissu synthétique, 90
RÉSINE, 127, 136
   de sapin, **231**
RETOUCHES, 28, 150, 165
REVITALISANT, 112, 163
RIDEAUX, 16, 45, 65, 172, **174**, 183
   à crochets, 174
   de douche, 93, **173**, 237
   dépoussiérage des, 174
   de tergal, 174
   jaunis, 174
RINCE-BOUCHE, 122
RIZ, 32, 75, 179
ROBINETS, 81, 90, 110, 122, **174**, 198

ROMARIN, 137
RONGEURS, 108
ROSÉE, 78, 193, 233
ROSES, 174
ROTIN, 67, 85, 141, **175**, 246
ROUGE À LÈVRES, 231, 232
ROUILLE, 15, 22, 28, 30, 59, 68, 75, 91, 97, 148, 160, 171, 197, 203, 208, **232**, 233, 240, 248
ROULEAU, 23, 27, 47, 145
   à peinture, 146, 150, 153, 248
   d'essuie-tout, 144
ROUSSI, 214, 233, 244
RUBAN,
   adhésif, 44, 50, 59, 145, 151, 202, 227
   à masquer, 28
   bas de gamme, 206
   électrique, 99
   gommé, 44
   téflon, 60
   utilisé à répétition, 206

S

SABLAGE, 177
SABLE, 20, 77, 82, 101, 110, 122, 138, 156, 203
SABLEUSE À JET D'EAU, 101
SAC,
   à glace, **177**
   de couchage, 17, **178**
   d'épicerie, 113, **178**
   de plastique, 19, 41, 53, 54, 75, 94, 101, 119, 140, 152, 161, 162, 222
   en cuir verni, 53
   en filet, 115

INDEX

en matière synthétique, 163
en toile, 179
en vinyle, 163
poubelle, 96, 100, 126
refermable, 54, 63, 178
SAFRAN, 75
SAIGNEMENTS DU NEZ, 245
SALIÈRE, 179
SALLE DE BAINS, 41, 47, 50, 126, 130, 137, **179,** 184, 221
SANG, 233
SAPIN DE NOËL, 179
SATIN, 53, **180**
SAUCE,
  chili, 226
  tomate, 63, 148, **233**
SAUGE, 137
SAVON,
  à base de glycérine, 135
  à lessive, 114
  à vaisselle, 20, 39, 41, 48 à 50, 64, 90, 94, 97, 108, 115, 125, 158, 160, 202, 232
  Castille, 74
  de Marseille, 79, **180,** 214, 217, 229, **246,** 247
  de pays, **180,** 214, 223, 225, **247**
  d'huile végétale pure, 247
  en pompe, 164
  en poudre, 114, 116
  liquide, 24, 132, 154, **182,** 229
  Murphy, 123, 247
  pour lainage, 112
  pour vêtements délicats, 135
SAVONNETTE, 118, 133, 202
SCELLANT, 28, 98
SCIE, 58, 162, 189
SÉCATEUR, 183
SÉCHAGE, 41, 66, 78, 110, 117, 140, 172, 178, **183,** 184, 207
SÉCHEUSE, 23, 24, 29, 31, 65, 66, 92, 122, 133, 140, 174, 178, **183,** 207, 211, 216, 234
SÈCHE-CHEVEUX, 15, 18, 20, 25, 40, 47, 52, 62, 85, 94, 113, 130 à 133, 146, 151, 158, 198, 219, 220
SÈCHE-LINGE, 112, 183, **184**
SEL, 17, 21, 22, 28, 34, 37, 48, 59, 70, 90, 94, 112, 122, 129, 175, 179, 190, 198, 203, 214, 215, 220, 224, 226, 228, 232 à 234, **247**
  de bain, 117
  de citron, 114, 240
  de mer, 17, 38
  d'epsom, 116
  d'oseille, 228, 240
  fin, 94, 229, 240
  gros sel, 22, 38, 39, 46, 71, 94, 125, 126, 194, 196, 247
  minéral naturel, 242
SEMELLES DE CHAUSSURES, 55, 156, **184**
SERRURE, 58
  gelée, 25, **184**
SERVIETTES ÉPONGES, 31, 43, 66, 74, 112, 113, 116, 125, 135, 173, 180, 183, **184,** 191, 203, 205, 208
SÈVE DES ARBRES, 184
SHAMPOOING, 82, 111, 130, 149, 191, 216, 221
  pour bébé, 131
  pour les meubles en tissu, 125
SIÈGE AUTOMOBILE, 24, 237
  en cuir, 70
  en suède, 24
  en tissu, 237
SIÈGES ET DOSSIERS DE CHAISES, 59, 67, 70
SILICONE, 21, 28, 37, 64, 77, 173
SIPHON (SOUS L'ÉVIER), 198
SOIE, 185, 220, 224, 226, 229, 230, 232, 235 à 237, 244 à 246
SOIE DENTAIRE CIRÉE, 34, 40, 127, 147
SOLEIL, 40, 45, 63 à 65, 69, 74, 75, 78, 84, 93, 109, 112, 123, 125, 141, 153, 169, 174, 175, 183, 208, 225 à 228, 233
SOLVANT, 20, 76, 157, 222, 241, 244, **247**
  à peinture, 101, 231, 248
SOMMIER, 66, 124, 206
SORTIES D'AIR CHAUD, 85
SOUDE CAUSTIQUE, 180 à 182
SOUFRE, 158
SOURIS, 185
SOUS-SOL, 46, 96, 105, 119, 131, 138, 151, 155, 184
SOUS-VÊTEMENTS, 83, **186**
  de nylon, 186

267

L'ABC DES TRUCS DE MADAME CHASSE-TACHES

SPATULE, 124, 222
    en bois, 159, 231
STÉRILISER, 32, 33, 240
STORES, 45, **186**
    en aluminium, 85, 186
    en bois, 186
    en stratifié, 187
    en tissu plissé, 186
    en vinyle, 85, 186
STYLO, 69, 19, 127, 129, **187, 234**
SUBSTANCES TOXIQUES, 63, 241
SUCRE, 31, 45, 96, 166, 180, 194, 213, 224, 235
    en poudre, 68, 196, 232
SUÈDE, 187, 220, 224, 231
SUIE, 234
SURFACES,
    en bois, 101, 130, 177, 247
    en chrome, 56
SYNTHÉTIQUE, 62, 90, 128, 140, 144, 148, 163, 212
SYSTÈME DE VENTILATION, 17

T

TABLE, 56, 151, 247
    à pique-nique, 189
    bancale, 189
TABLEAU, 44, 134
    à la peinture à l'huile, 190
    au petit point, 190
    de liège, 117, **190**
    noir, 190
TABLETTES, 22, 74, 105, 170, 232

TACHES (VOIR DANS L'ORDRE ALPHABÉTIQUE ET CONSULTER LA SECTION 3 P. 221-237)
TACHE D'ORIGINE INCONNUE, 61, **229**
TAIE D'OREILLER, 16, 31, 43, 53, 67, 74, 79, 118, 140, 174, **190,** 191
TALC, 34, 48, 50, 53, 55, 78, 96, 99, 143, 146, 155, 184, 185, 187, 216, 224, 225, 231, 237, **247**
TALONS, 52, **191**
TAMBOUR, 104, 213, 222, 234
TAMIS, 108
TAMPON,
    à récurer, 17, 69, 90
    argenté, 247
    de chamois, 21
    d'ouate, 99, 131, 132, 190, 248
    en acier inoxydable, 127, 205, **247**
TAPIOCA, 60
TAPIS, 16 à 18, 63, 127, 149, 161, **191** à 193, 212 à 215, 217, 218, 220, 221, 223, 224, 226 à 228, 230, 233 à 237, 242, 245, 248
    antidérapant, 192
    caoutchouté, 25, **192**
    d'automobile et tapis d'hiver, 192
    de salle de bain ou d'entrée, 156, 192
    d'Orient, 193
    retailles de, 82, 86, 156, 170, 192
TAPISSERIE, 190

TARTRE, 90, 218, 225, 232
TAUPES, 108
TAUPIÈRE, 108
TECHNIQUE, 146, 154, 226
TÉFLON, 60, **193**
TEINTE, 49, 74, 109, 117, 129, 186, 195, 233
TEINTURE,
    à cheveux, 119, **235**
    liquide, 75, 129, 218, 241
TEINTURIER, 44
TÉLÉPHONE, 193, 194, 240
TÉLÉVISEUR, 85, **194,** 207
TENTE DE CAMPING, 17
TÉRÉBENTHINE, 20, 22, 28, 29, 36, 69, 70, 104, 112, 129 à 131, 134, 171, 196, 212, 216, 218, 222, 223, 228, 229, 231, 232, 247, **248**
TERRE, 44, 49, 51, 108, 158, 205
TEST FRIGORIFIQUE, 171
TÊTES,
    de lecture (audio et vidéo), 122, 206
    de marteau, 92
    de vis, 92
TÉTINES À BIBERON, 32, 115 **(VOIR AUSSI BIBERON)**
TEXTILES, 16
THÉ, 46, 49, 61, 75, 131, 139, 158, 186, **235,** 241
THÉIÈRE, 37, **194**
THERMOMÈTRE, 171, 181
THERMOS, 39
THYM, 137, 171
TIROIR, 31, 61, 147, **194**
TISSU, 15, 18, 20, 40, 46, 59, 61 à 63, 116 à 118, 127,

INDEX

128, 140, 141, 161, 172, 173, 180, 183, 185, 186, **195**, 202, 203, 206, 207, 211 à 239, 244 à 246
blanc, 195, 214, 220, 228, 229, 231
délicat, 19, 75, 83, 123, 163, 191, 244, 245
de nylon, 17
éponge, 62, 141, 220, 235
synthétique, 144, 212, 223
TOILE, 195
cirée, 196, 245
vernie, 196
TOILES D'ARAIGNÉES, 21, 84
TOILETTES, 82, 138, **196,** 197
TOITURES, 243
TOMATE, 216, 221, 228
TONDEUSE, 100, **197**
TOURNEVIS, 208
TOUTOU (voir peluches)
TRAÎNEAU ET TOBOGGAN, 197
TRANSPIRATION, 109, 112, 161, 235, 236, 241, 246
TRAPPES, 185
TREILLIS, 104
TRESSAGE DE L'OSIER, 141
TRICOT, 19, 111 à 113, 131
TROTTOIR, 57
TROUSSE DE NETTOYAGE, 76
T-SHIRT, 65, 85, 235
TUBE,
de papier de toilette, 93
des papiers d'emballage, 135

de plastique, 93
d'essuie-tout, 93, 123
TUYAUX, 30, 32, 87, 114, 170, **198,** 216, 243

U

URINE, 125, **236**
USTENSILES, 114, 232
de bois, 35, **199**
de cuisine en chrome, 56

V

VADROUILLE, 85
VAISSELLE, 74, 82, 114, 115, 126, **201,** 205, 242, 248
ancienne, 202
VALISE, 118, 139, 185, **202**
VANILLE, 248
VANNERIE, 140
VAPEUR, 47, 54, 84, 90, 95, 112, 113, 128, 143, 144, 179, 195, 203, 206, 242
VAPORISATEUR, 47, 148, **202,** 244
VASELINE, 19, 25, 36, 70, 83, 86, 148, 149, 163, 167, 174, 190, 194, 204, 207, 222, 232, 235, **248**
VASES, 47, 69, 93, 94 (voir aussi carafes)
VELCRO, 116, **203**
VÉLO, 33, **203** (voir aussi bicyclette)
VELOURS, 96, 116, 128, 144, 193, 203
côtelé, 116, 144
de coton, 128
meubles de velours, **127**

noir, 22
VENTILATEUR,
de plafond, 84, **203**
portatif, 154
VENTILATION, 17, 85
VERNIS, 18, 91, 119, 156, 196, **204,** 247
à ongles, 31, 33, 39, 111, 150, 179, 191, **204, 236,** 239, 247
VERRE, 205
brisé, 204
VERRERIE, 248
VERS DE TERRE, 205
VERT-DE-GRIS, 33
VESTE, 109
VÊTEMENT, 20, 24, 38, 40, 46, 57, 60, 61, 74, 83, 84, 91, 92, 100, 105, 109, 113, 116, 118, 131, 139, 144, 150, 151, 160, 161, 172, 173, 180, 183, 185, **206,** 211, 212, 214, 217 à 237, 240 à 244, 246, 248
blanc, 64 à 66, 116, 117, 183, 226, 232, 235
coloré, 64, 116, 117, 183
de baptême, 113
de lin, 117, 118
de suède, 54
d'hiver, 131
foncés, 116, 195
froissé, 183, **205,** 206
VIDÉOCASSETTES, 206, 207
VIN, 237
blanc, 236
chaud, 232
rouge, 40, 67, 71, 158, **236**

269

L'ABC DES TRUCS DE MADAME CHASSE-TACHES

VINAIGRE, 17, 20, 23, 24, 35, 37, 47 à 49, 51, 57, 59, 60, 62, 69, 70, 82, 84, 87, 90, 95, 109, 112, 114, 115, 122, 123, 125, 129, 138, 144, 146, 153 à 156, 159, 165, 170, 173 à 175, 180, 185, 187, 191, 196, 198, 202, 206, 208, 209, 215, 217, 218, 220 à 222, 228, 231, 233, 236, 243, 247, **248**
   blanc, 136, 137, 162, 205, 212, 216 à 218, 220, 234, 236, 237
   de cidre, 128, 137, 174
VINYLE EXTÉRIEUR, 125
VIS, 92, 119, 204, 207, 208
VISCOSE, 207
VISSER, 60, **207**
VITRE, 20, 31, 39, 74, 85, 97, 124, 132, 148, 159, 202, 208, 209, 242
   d'auto, 24
   d'un cadre, 45
VOILAGES, 16
VOITURE, 24, 25, 81, 110, 115, 147, 148, 163, 173, 178, 179, 184, 209, 237
VOMI, 237

Y

YOGOURT, 133

Cet ouvrage a été composé en The Serif Semi Light 10,35/14 et achevé d'imprimer
en mai 2008 sur les presses de Quebecor World Saint-Romuald, Canada.

Imprimé sur du papier Quebecor Enviro 100 % postconsommation, traité sans chlore,
accrédité Éco-Logo et fait à partir de biogaz.

certifié   procédé   100 % post-   archives   énergie
            sans   consommation   permanentes biogaz
            chlore